荀彧

枭雄曹操背后的男人

白玉京　著

辽宁人民出版社

图书在版编目（CIP）数据

荀彧：枭雄曹操背后的男人 / 白玉京著 . — 沈阳：
辽宁人民出版社，2021.5
ISBN 978-7-205-10119-0

Ⅰ . ①荀… Ⅱ . ①白… Ⅲ . ①荀彧（163-212）—传
记 Ⅳ . ① K827=342

中国版本图书馆 CIP 数据核字（2021）第 001857 号

出版发行：辽宁人民出版社
地址：沈阳市和平区十一纬路 25 号　邮编：110003
电话：024-23284321（邮　购）　024-23284324（发行部）
传真：024-23284191（发行部）　024-23284304（办公室）
http：//www.lnpph.com.cn
印　　刷：北京长宁印刷有限公司天津分公司
幅面尺寸：145mm×210mm
印　　张：6.75
字　　数：121 千字
出版时间：2021 年 5 月第 1 版
印刷时间：2021 年 5 月第 1 次印刷
责任编辑：赵维宁
助理编辑：段　琼
封面设计：乐　翁
版式设计：一诺设计
责任校对：吴艳杰
书　　号：ISBN 978-7-205-10119-0
定　　价：39.80 元

序 言

道德三皇五帝，功名夏后商周。

五霸七雄闹春秋，顷刻兴亡过手。

青史几行名姓，北邙无数荒丘。

前人栽树后人收，说甚龙争虎斗。

——选自杨慎《二十一史弹词》中《西江月》上阕

短短几句话道出了中国从三皇五帝的上古时代一直到春秋战国时代千百年的沧桑巨变。

其实，在历史上还有一个时期比春秋五霸、战国七雄更加精彩，也更加刺激。

没错，这段历史时期就是让人们津津乐道的三国时代。

老人们常说"少不读水浒，老不看三国"，随着《三国演义》的流传，三国时代的历史被罗贯中赋予了演义色彩。京剧表演中，曹操一直是白脸示人，白脸在京剧艺术中象征着奸诈和贪婪，这也是大部分人对曹操的印象。"官渡之战""赤壁之战""青梅煮酒论英雄"……这一桩桩"英雄事迹"又不禁让人对曹操本身的性格特点产生了怀疑，历史上的曹阿瞒究竟是什么样的人呢？

2007 年，易中天老师在"百家讲坛"开设《品三国》节目，对三国历史做了最真实的还原，由此，三国"谋士"团队正式进入大众视野。三国鼎立，各大集团的荣衰兴盛离不开谋士们的出谋划策。可以说作为集团智囊团，谋士们的个人能力直接影响了三国局势的走向。智囊团中最为大众熟知的当数诸葛亮，不仅因为他神机妙算，"巧借东风"，更是因为他对刘备的一片忠心，罗贯中在《三国演义》中将诸葛亮形象塑造得"神乎近妖"，但真正三国史上还有一位不论从个人才智还是对汉室忠诚上都不输于孔明的谋士，他"整顿京都物价"，辅佐曹操打败吕布，战胜袁绍，提出"奉天子令诸侯"，大举贤才，充实集团核心人才，他就是曹魏集团智囊团中领军人物兼曹魏集团联合创始人——荀彧。正是有了荀彧的辅佐，曹操才能一跃成为东汉末年混乱群雄中的霸主。

于是，笔者对荀彧这个人物产生了很大的兴趣。

可惜的是，截至目前，市场上有关荀彧的人物传记少之又少，以至于很多人对于荀彧的大概印象只能停留在易中天老师所讲的《品三国》上。

2017 年 6 月，《大军师司马懿之军师联盟》电视剧播出王劲松老师扮演的荀彧那种温文尔雅、温良如玉的古代君子形象给人留下了很深的印象，简直就是把荀彧这个人物给演活了。

笔者也深深被王老师的演技所折服。

自此之后，网络上便开始流传着有关荀彧的人物分析和解读文章，但可惜的是，每篇文章大多都只是粗略地介绍一下荀彧的一生，或是将其所经历的事件从中抽出一段来解读，实在无法使喜欢刨根问底的读者有爽快阅读的感觉。

于是，笔者萌发了为荀彧著书立传的想法。笔者通过大量查阅历史典籍，将历史上的荀彧用生动的语言进行了真实还原，荀彧的集团管理理念就算放在现在也并不过时。唯有将史实、历史感悟和阅读快感相结合，才能真正让历史流光溢彩，笔者希望，翻开此书的你能在阅读过程中走进历史，在学习历史的过程中获得快乐！

目　录

第一章

头角峥嵘，胸有大志

一、乱世少年郎横空出世

公元163年，东汉延熹六年，风云交汇，乱世将至，眼看大汉王朝这棵曾经遮天蔽日的参天大树即将倒塌，各路贼子纷纷磨刀霍霍，跃跃欲试。

这一年五月，继匈奴之后，新起于漠北草原的鲜卑人，凭借千余骑兵闪电般掠夺了辽东属国（今辽宁省义县）。

紧接着在七月，上一年叛汉的武陵郡（湖北、贵州、重庆、广西等地区）一带的少数民族又故技重施，再次攻打武陵郡，幸好由武陵郡太守陈奉率当地人民子弟兵将其击溃，当场活捉三千余人，并斩首两千余叛匪。

同年同月，桂阳郡（今湖南省郴州市）的李研公然喊出分裂大汉的口号，并组织反政府武装，在桂阳郡的郡县境内谋划、实施了一系列恐怖活动，对当地的百姓及经济生产都造成了重大损失，郡县就此沦陷，直到次年的七月，由荆州刺史度尚率汉军讨伐，李研及其领导的反政府武装被击垮，郡县才得以重新回到东汉朝的掌控中。

同年腊月，司空周景与太尉杨秉二人联合上奏朝廷核查各级贪腐及不合法办差官吏。汉桓帝刘志当即批准，于是，一轮浩浩荡荡的整风运动由此展开，不久后，青州刺史羊亮等一批腐败官员被法办。

当然，这一年里还发生了许许多多的大事，我们先把目光锁定到颍川郡。这一年，土著氏族荀家大院里迎来了一位对天下乃至今后整个中国历史都有着非常重要影响的男婴——荀彧的降生。

作为春秋战国时期著名学者、思想家荀子的后代，"荀氏八龙"荀淑之孙，济南相荀绲之子的荀彧，自小便展现出超越同龄孩子的聪慧以及伶俐的口才，使其在同龄孩子中鹤立鸡群，独树一帜。

少年时，南阳名士何颙赋予其极高评价，称赞他是"王佐之才"。

事实上，史书中对荀彧的记载是从他 26 岁开始的，而对于他 26 岁之前的事几乎没有提起。

这里我们不妨根据现有的资料与记载大胆地想象一下，荀彧荀文若在 26 岁之前的生活过得有多么多姿多彩。

作为颍川一带有名的富 N 代的他，肯定经常参加各种名流派对，混迹各种圈子，结交了不少朋友，为自己积攒了不少人脉和资源，在颍川老家一带树立了良好的人设。

所以当南阳名流何颙夸赞他是"王佐之才"时，也就不足为奇了。

当然，在那放浪形骸的几年里，他还娶了中常侍唐衡的女儿做老婆。

对于古人来说，"成家"一直排在"立业"之前，可见其重要程度。

那么，作为士族家庭的子女更是要遵守这一原则，更何况，荀彧娶的并非一般人家的闺女，而是中常侍唐衡的女儿。

史书上对他这位老婆的记载更少，甚至连名字都未提及，只将其称作"唐氏"，当然这也有可能是封建时代对女性不够尊重，或者是因为实在无从考证，所以未写其名。

据说，当年中常侍唐衡最先准备将自己的宝贝女儿嫁给汝南一个叫作傅公明的人，但谁知这傅公明不同意，最后唐衡才将女儿转嫁给了荀彧。

原文是这么说的："中常侍唐衡欲以女妻汝南傅公明，公明不娶，转以彧。父绲慕衡势，为彧娶之。彧为论者所讥。"

按照原文理解，当时荀彧的父亲是因为贪慕权势，所以替荀彧结下了这门亲事，因为这事，荀彧后来经常被人开玩笑。

不难想象，这事的确是荀彧这一生中最不愿被人提起的伤心事，而唐氏因为父亲的关系，在家里也是十分霸道无理，这让一向洁身自好、风度翩翩的荀彧根本无法忍受。

所以，他与唐氏的婚姻生活想必也不快乐。

但是，这里有一个问题，那就是按照《汉纪》记载，唐衡早在延熹七年（164）就去世了，而当时的荀彧才刚出生不久，还是个在襁褓中的婴儿，所以说，其父亲贪慕唐衡的权势，这一点就不太有说服力了。

况且荀彧的父亲荀绲是济南相，在当时，这个官位权力也不小了，怎么会贪慕一个故去人的势力呢？

但不管怎么说，通过以上种种，我们可以看出荀彧在 26 岁之前，虽然没有经历什么大风大浪，但靠着家族的荣光过得一直都很顺风顺水，一直到东汉永汉元年，也就是公元 189 年。

二、将了董太师一军

公元 189 年，26 岁的荀彧被举孝廉，做了守宫令（类似于现在物品管理部门工作人员），掌管天子平时所用的文房四宝。但好景不长，不久之后便爆发了史上著名的"十常侍之乱"。

起先，是汉灵帝驾崩，随后长子刘辩继位，其母何太后垂帘听政。

但此时，以张让为首的十常侍宦官一党与何姓的外戚一党早已是剑拔弩张，水火不容。

何太后的兄长，时任大将军的何进，为了彻底清除宦官一党，特召并州牧大军阀董卓作为自己这一方的外援，进京协助铲除宦官。却不料，狡猾的董卓此刻心中也正在打着自己的算盘，只是苦于一直没有机会实施，而何进的特召便成了他推进自己计划的第一步。

他带领着三千兵卒慢慢悠悠向京城进发，故意拖延时间，导致何进被宦官设计所杀。而此时的皇宫中也早已乱成一团，天子刘辩及弟弟刘协被张让等宦官一党和文臣尚书卢植等人带走出逃，晓行夜宿直至小平津。

这一夜，一直跟随天子逃至小平津的尚书卢植等文臣与张让宦官一党发生激烈矛盾，并大打出手。混乱之中双方均有伤亡，最后以张让等宦官的死而告终。

赶巧不巧，就在这个时候，狡猾如狐的董卓率领他手下三千兵卒出现，救下天子，并迎送天子还朝。

但谁也想不到，此后军阀董卓旋即掌控大权，倒行逆施，祸乱朝纲。

一时引得天下硝烟四起，百姓流离失所，而京城内更是一夜间物价飞涨。

宋人高守业在所著的《管子十六篇》中写过一篇关于荀彧的故事，如下文。

当时，为了尽快解决京城物价飞涨的问题，文武百官多次商讨未果，眼见百姓怨言滔天，这令董卓十分头疼。

这时，才智过人、能言善辩的荀彧进入了他的视线。

董卓眯着眼睛，上下打量这个年轻人。

只见此人相貌堂堂，风姿奇表，举手投足间张弛有度，身上衣着虽不华丽，却十分考究得体，非常有士族之气。

荀彧心高气傲，忠于汉室，对董卓这类乱臣贼子根本瞧不上眼，因此，见太师董卓时他没有行礼。

董卓感觉脸上有些挂不住，自他掌权以来，百官朝拜，而眼前这位年轻人明显是在挑战他的权威，于是他脸上微有怒色道："如今京城物价飞涨，你有何良策？"

荀彧道："这个不难，只要做到三点即可。"

董卓道："哦，哪三点？"

荀彧道："一曰平准，置平准于显阳，召受四方委输，以仰给大农，贵出贱屯，如此，富商大贾亡其所诈，而万物不得腾跃；二曰市估，设市监以督行货，计所高低，坐赃论；入己者，以盗论；三曰有度，相国旬月一巡守，命市纳贾，以观民之好恶、志淫好辟，乃得无亏市人，而商旅不散。"

这意思是：第一，由政府出面收购农民的粮食，建立国营化粮仓，等到灾荒年食物短缺时，就可以用合理的价格向国民出售粮食；第二，由政府来监管市场及制定市场买卖规则，对不守规则的商贩或个人严厉打击；第三，由政府来制定市场物品价格，并控制价格，使买卖双方公平公正交易。

其实，这种方法并非荀彧首创，而是由战国时期魏国李悝所提出的"平籴"和西汉汉宣帝时期提出的"平准"政策的两者结合，其用意是鼓励调节当时的农业生产，平衡稳定市场价格。

此三点看上去并不难做到，董卓盯着眼前这位不卑不亢的年轻人，露出几分轻蔑之色，心想，若真这么容易就能解决这一难题，满朝文武何苦天天被自己逼着想良策，但若真能解决眼下难题，倒也不是不可。

于是他说："好，既然你这么有信心，那就照你的方法做，但丑话说在前面，如果你的方法不能解决问题，到时候，你就提头来见我。"

董卓这么说无非是想挫挫荀彧的锐气。

而荀彧神色依旧毫无变化。

董卓心中暗想："一旦你失败，我便叫你尝尝厉害。"

但令他万万没有想到的是，荀彧之法仅实施数月，京城的物价飞涨问题就得到了解决。

不仅如此，京城内各个商户之间买卖也很守规矩，市场秩序得到恢复，百姓们怨言也少了。

董卓大喜，决定再次召见荀彧。

他本欲提拔荀彧，借此拉拢一番，谁知荀彧不但不领董太师之情，反而在其面前大放厥词："我能做到收京城百姓之税，使其没有半句怨言，也能收天下之税，让天下百姓没有怨言。"

董卓对于荀彧的这番言语自然不会放在心里，只当是诳人之言罢了，而对于荀彧本人的印象也旋即增加了几分反感。

殊不知，这恰恰中了荀彧的计策，他早就想离开了。

荀家乃世族大家，而荀彧又是汉室之臣，怎能为他董卓马首是瞻？

他早就算到，像董卓这样的乱臣贼子，迟早会被自己的贪婪所害。

因此，没过多久，荀彧便辞去官职赶回颍川老家安顿好了家人，随后只身前往冀州投奔族兄荀谌（关于荀谌，亦有说他是荀彧的堂弟）。

他心里很清楚，如果继续留在京城，董卓迟早会找借口将自己杀之而后快。而他有报国志向，一心向汉，必须投靠一位雄才大志的明主，才能得偿所愿。

三、初见阿瞒"定"终生

放眼天下，讨董之声愈演愈烈，各地共计十八路诸侯纷纷聚集，由袁绍为盟主，组成"关东义军联盟"。

而荀彧要去的冀州则恰恰是袁绍的地盘。

其实以荀彧的聪明才智以及审时度势的判断，当时早已判断出袁绍一定能影响今后整个天下的局势，跟着他混绝对大有前途。论出身，他是四世三公，家大业大，论地位，目前他又是关东义军联盟盟主十八路诸侯的总瓢把子。

来到冀州后的荀彧便在其族兄荀谌的推荐下做了袁绍的谋士。

但袁绍这个人极度刚愎自用，和荀彧想象中的形象完全判若两人。

他一方面对荀彧客气有加，彬彬有礼，恍如座上贵宾，但另一方面又将荀彧晾在一旁，从不向其讨教军事战略，更不主动让其参与任何正事，弄得荀彧整天无事可做，心中对袁绍的期待一落千丈，失望度到达了极点。

但荀彧又岂是甘愿被埋没的人？

也就在这样郁闷的情绪中，荀彧又迎来了一次转机。

第一章　头角峥嵘，胸有大志

说来也巧，有一次，袁绍与众统帅商讨伐董事宜，正巧荀彧、荀谌等一干袁绍身边的谋士也在场。

正当这一群人慷慨激昂、高谈阔论之时，碰上了姗姗来迟的时任关东义军联盟十八路诸侯中的骁骑校尉曹操曹孟德。

一将领讥笑道："阿瞒，你这种宦官养子的后代，怎么好意思靦着脸来与我们议事？"

曹操看着此将领，一字一顿道："干你何事？"

此话一出，顿时令该将领不悦，眼见他正要出口反驳、拔刀相向，一旁的袁绍赶紧打圆场，好话说了一箩筐，该将领才总算是压住了心中怒火，没有与曹操发生冲突。

袁绍与曹操自小便相识，二人一个是宦官曹腾养子之后，另一个则是偏房小妾之子，可谓是穿一条裤子、同病相怜的好兄弟。

据说，两人年少时曾与其他伙伴一同去抢过别人的新娘。

有了这层关系后，袁绍自然会有意无意地袒护自己的这个小弟。

但随着年龄的增长，二人近些年来都在为各自的利益盘算，渐渐便不再像少年时那般亲密无间、无话不谈，虽然表面上还是从前那般称呼对方，但心中早已为对方竖起了一道墙。

而此刻，袁绍之所以会为他这位昔日的发小打圆场，也完全是出于对大局的考虑，以及自己是十八路诸侯的盟主。

对此，一旁静静观察的荀彧早已看出了其中端倪。

连日来与袁绍的相处使他清楚地意识到，袁绍此人疑心过重，做事又不够果断，日后根本成不了什么大事。而所谓的联盟义军的盟主，也是仗着自己的老爹和祖宗有钱有势被人吹捧上去当木偶傀儡，他实际上根本没有那个能力。

相反，曹操与之相比，倒显得有勇有谋，杀伐果断，日后必定能平四方之乱，成就一番大业，自己若投靠于他，二人珠联璧合，兴复汉室的愿望将指日可待。

事实上，荀彧的判断并没有错，曹操日后的发展的确比袁绍好得太多，从袁绍那里辞职去曹操的创业团队发展是他一生中做出的最重要的选择。

当然，后来他与曹操反目成仇，以至于后来被曹操间接逼死都是二十一年以后的事了，这里暂且放下不谈。

一念至此，荀彧顿生弃袁投曹的念头。

于是没过几日，荀彧便找了借口向袁绍辞别，匆匆收拾行李准备去投奔曹操。兄长荀谌极力挽留，但怎奈荀彧去意已决，说什么也不愿再待在袁绍身边。

临行前荀彧对荀谌说道："袁绍这人防御心太强，做事又不够果断，日后恐怕难成大业。"

话里话外的意思很明显，跟着袁绍是没有前途的。

随后，荀彧便投奔了曹操。

其实，曹操也早就注意到了荀彧，只是苦于自己正处于创业的初始阶段，实力太弱，又没有什么家底，实在给不出高薪来吸引荀彧这样的人才，但又急需战略型人才，为他的发展道路出谋划策。

所以，荀彧主动投怀送抱，让曹操又惊又喜，感觉自己就像在做梦一样不真实。这简直就是"天上掉下来的聚宝盆"——砸个正巧。

四、"文若真乃吾之子房也！"

那是一个有星、有月、有酒的夜晚。

荀彧说了自己对当下乃至将来整个大汉天下格局的看法，也说了自己要兴复汉室江山的伟大志愿。

曹操听得如痴如醉，紧紧握着荀彧的手，激动得难以自拔。

荀彧的才智谋略令他佩服到五体投地的地步，他感慨地对荀彧说道："文若真乃吾之子房也！"

能将荀彧与昔年汉初三杰的张良相比，可见荀彧在入伙曹操创业团队时树立的人设有多么成功。

从此之后，荀彧便正式成为了曹操背后的那个男人，他为曹操修订了战略及战术上的方针，使其实力迅速增强，为曹操后来统一北方打开了良好的局面。

其实，在这个阶段，荀彧更像是曹操的合伙人，两人一起创业，只是分工不同。

可想而知，在这个如蜜月般的初期阶段，曹操与荀彧两个人的关系那可真叫作"亲密无间"，也可以用"相濡以沫"来形容，曹操在外为生活打拼，荀彧则在家里组织后方工作，解决他的后顾之忧。

自从有了荀彧，曹操的事业有了飞跃式的发展，很快就变得兵强马壮，吸引了不少有抱负、有理想的人才前来投简历，应聘职位。

而荀彧这个时候又主动担任起 HR 的角色，为曹操招聘了一批高学历、能吃苦、有团队精神并且有创造力的人才加入。

初平二年（191）深秋。

有一个叫作"黑山军"的反政府武装组织，在东郡（今河北临漳西南和今河南濮阳西南）一带组织谋划了一系列的恐怖活动。

风雨飘摇的东汉王朝已经到了老牛耕地——走一步喘一步的地步了，全国各地三天两头发生暴乱，大小军阀又各自为政，只顾着打自己的小算盘，为扩张地盘而互相砍杀。

就拿眼前这"黑山军"反政府武装分子暴乱的事儿来说，当时的东郡太守王肱还亲自挂帅，带领东郡当地人民子弟兵与黑山反政府武装发生了一场漫天血雨、激烈且残酷的战斗。

然而，王肱这一方虽然有心，但怎奈人少，实力又实在太弱了，根本无法抵挡黑山军的猛烈进攻，最后只能以失败投降而告终。

远在冀州的袁绍得知此消息后，马上召开集团高层领导班子会议商讨对策，经过集团高层一番激烈的讨论，最后决定由袁绍的小弟、跟班曹操带兵前去征讨黑山军。

对于这段历史，史书上的记载很简单，只用了"曹操出兵讨东郡"寥寥几句便结束了。

但我们可以根据当时的形势来猜想一下。

曹操自从身边有了荀彧这个"贤内助"后，一直突飞猛进发展得不错，早就不甘心再做袁绍的小跟班了。

所以，当他接到袁绍命令后，肯定是不情不愿，在心中画圈圈诅咒了袁绍几百遍。

而此时，以荀彧带头的曹操的几个谋士必然是好说歹说一番劝导，才总算将曹操安抚住。

可以想象，聪明绝顶的荀彧大概是这么对曹操说的："黑山军本是一帮流民，并没有想象中那么可怕，以我们现在的实力，对付这种角色简直易如反掌。等拿下了东郡，袁绍那边肯定会在东郡这里安插自己的人，以保证他的势力扩张，而你作为他的发小则是最佳的人选，到那时候我们就顺理成章有了自己的地盘了，这岂不是一桩好事？"

在那个军阀混战、没有规矩、各自为政的年代里，能有属于自己的地盘就等于有了做大做强的资本。

曹操作为后世枭雄的代表人物，智商肯定也是在线的，这其中的道理，他一听就能明白。

随后，他便点齐兵马，带着好搭档荀彧，一起浩浩荡荡来到了东郡。

结果，正如荀彧所料，这个黑山军反政府武装就是一股由各地流民组成的散装武装力量，一遇到强大的正规军就不堪一击了。

还没打几个回合黑山军便溃不成军，纷纷作鸟兽散，躲进了深山老林，导致曹操的军队一路披荆斩棘，没费多大工夫便将东郡控制权从黑山军的手里夺了过来，并将黑山军几个头领头颅砍下，挂在城门上示众。

袁绍得知此消息后大喜，心想："还是我这个兄弟靠得住，没给我丢脸。"一高兴，当即签署了任命书，果然任命了曹操为新一届东郡太守。

从此以后，东郡这块地便成了曹操曹孟德的地盘。

创业多年，到这会儿总算有了自己的地盘，曹操高兴得合不拢嘴，当即便开了庆功宴，将创业团队里的所有股东级成员全部召集在一起。

众人欢呼庆祝，当晚一直狂欢到深夜。

一晃眼，就到了汉献帝兴平元年（193）秋天。

这一年，因董卓之乱闹得沸沸扬扬，曹操的老爸曹嵩为了躲祸避难，提前打了退休申请，一路逃往老家，谁知在半路上被当时的许昌太守陶谦拦截并杀害。

曹操得知此消息后暴怒，召集手下兄弟夏侯惇、夏侯渊一干人等，抄起家伙，连夜直奔许昌去找陶谦算账。

其实，这件事完全就是个误会。

据说，陶谦得知曹嵩经过自己的地盘，出于好心派人前去护送老爷子一程，赶巧不巧，那时候正好也是曹操派人去接自己老爸的时间点。

两拨人马迎面对上，不清楚是因为当时条件有限或普通话普及不到位，两拨人都说着各自的方言，还是另有原因，总之是双方都没有把话说明白，便大打出手。

于是，曹嵩就这么不明不白地死了。

当然，这其中还有另一层原因，就是曹操早就对陶谦的地盘虎视眈眈，只是一直没有找到合适的理由去攻打。

碰巧这回出了老爷子这档子事儿，可算是理由充分了，毕竟老爹是亲的，也真死在对方的手里。

头一回，曹操来势汹汹，一下就将陶谦打得满地找牙，跪在地上直喊求饶，一口气割了十多座城池向曹操赔罪。

可这怎么能令曹操满意？

他想要的更多。

于是，第二年，曹操再次攻打陶谦。

这次他叫的人比上回更多，准备心一横，直接把陶谦给办了。

临行前，曹操将大本营的管理权交到了最信任的荀彧手上。

本来以为是万无一失的一计，谁知此举却引来了滔天大祸，险些将曹操长期以来积累的一切资本连根摧毁。

第二章

谋胜张陈，智斗奉先

一、巧治蝗灾，成了地方红人

上一章我们说到，曹操以自己老爹曹嵩的死作为由头，第二次带领手下弟兄去攻打陶谦。

临行前，他将自己大本营的管理权交给了好搭档荀彧。

荀彧不负众望，在曹操走了之后，一个人扛起了整个集团的重担，同时分身多个角色，不仅承担起 CEO、CFO、HR 等工作，而且还紧抓集团内部人员的思想工作和企划宣发工作，使曹魏集团始终保持在一种稳定持续的发展状态中。

然而，就在这个时候，一场前所未有的蝗灾突然降临，令人措手不及，使整个兖州地区农田大面积受损。

在这千难万难之际，荀彧组织集团领导班子召开紧急会议，商讨抗灾救治办法，随后又组建"救灾抢险队"，并一马当先，亲自披挂上阵带领队伍下基层，冲到抢险第一线与参与抗灾的官兵、百姓们同吃同住，一同抗灾。

经过无数个日日夜夜的艰苦奋斗，整个兖州地区的蝗灾警报在荀彧的领导下虽然没有完全解除，却有了很大改善，荀彧及时控制住了灾情的蔓延，兖州境内没有因此次灾情而发生粮食短缺的情况，避免了大规模恐慌和混乱。

为此，兖州各地百姓对曹魏集团以及对荀彧这位清正廉明的父母官更加信任，也更加爱戴，多次以送锦旗、写感恩信等方式向荀彧表达自己的感谢之情。

荀彧也因此一夜间变成了兖州地区的红人，拥有了庞大的粉丝群和后援会，无论走到哪里都会被众人围观。荀彧平时常去的餐馆、酒楼都以荀彧光顾过为荣。

而荀彧之前在闲暇时写过的一些文章、诗词等更是被大众竞相传阅。

更有读书人自发组织了"荀学会"专门研究荀彧的文章、诗词。

可荀彧本人并没有因此而沾沾自喜，相反，他将自己的精力更多地投入到工作中去，整天除了工作还是工作，几乎已到了废寝忘食的状态，每天自主加班到深夜。

在他心中始终没有忘记兴复汉室江山的伟大志愿，只要天下一日不平，他就一日不会松懈。

谁知，就在所有事情都朝着好的方向发展时，曹魏集团又迎来了一场前所未有的巨大挑战，瞬间将整个集团推到了瓦解的边缘。

这听起来有些不可思议，却实实在在地发生了，而且有史有据。

而这一切始作俑者竟是曹操集团内部的谋士陈宫和曹操的好友张邈。

幸好此时，曹魏集团有荀彧这个顶梁柱在，及时出谋划策稳住了局面。

他运用高超智慧和具有前瞻式的战略眼光及时为集团化险为夷，才避免了灾难的发生，再次以吊打敌人的方式彰显了个人魅力。

二、曹操友谊的小船翻了

陈宫陈公台，早年在吕布集团担任首席项目经理人，职位待遇跟荀彧一样。一直以来他尽心尽力地为吕布出谋划策，招揽了不少大项目，从而深受吕布信任。

东汉初平三年（192），由于原先的兖州刺史刘岱在攻打青州反政府武装黄巾叛军时不幸战亡，兖州地区一夜变得群龙无首。

为了避免兖州百姓恐慌，稳住当地局势，当时陈宫带头与多名重臣联名上书朝廷，一致推举曹操为新一任的兖州牧。

此举令曹操觉得陈宫这人不错，是个可以交往的人，为了表示感谢，便以高薪将他聘请到自己的集团担任要职，委以重任。

刚开始，陈宫倒也是尽职尽责，严格遵守上班制度，两点一线，安分守己地辛勤工作。

后来，因曹操杀了身为兖州世家集团名流的边让，而令陈宫对曹操有了抵触心理，从此便在暗地里伺机而动，到处寻找反曹的机会。

当然，曹操杀边让也是有一段故事的。

据说，当时的边让恃才傲物，自命不凡，因此一直瞧不上曹操宦官养子的身份，经常当着曹操的面出言不逊，冷嘲热讽。

曹操对边让也是一忍再忍，最终忍无可忍，便杀鸡儆猴，下令杖杀了边让。

从此，至少在兖州一带，再也没人敢公然对他曹孟德冷嘲热讽了。

接下来，我们再来说一说另一位主角张邈张孟卓这个人。

张邈是个很有趣的人。当然，这里说的"有趣"并不是指他言语上的风趣，而是指他行事非常有趣。少年时的张邈是十里八乡出了名的"散财童子"，甚至有人直接拿他当"财神爷"。

据说当年，张邈为此还和另外七个志同道合的小伙伴一起搞了一个组合，美其名曰为"八厨"，成员分别是：王考、刘儒、胡毋班、周秦、蕃向、王章、张邈、度尚。

这个组合别的都不干，就做慈善事业，每天至少接济穷人一回，而且乐此不疲。

据《后汉书·党锢传序》记载："八厨供财，缗钱千万。"这八人为了做慈善，以至于后来将自己原先富裕的中产阶级家庭搞得一贫如洗，也在所不惜。

成年后，做上陈留太守的张邈又遇上了此后人生中的挚友兼战友，同时也是他生命的终结者曹操曹孟德，从此便正式开始了他有别于一般人的下半生。

说起张邈与曹操的友谊的前半段儿，那真可以用"一生一知己，两心两相知"来形容，两人感情好的时候那简直就跟一个人似的。

当初十八路诸侯讨伐董卓搞"关东义军联盟"时，他与曹操一同响应袁绍、袁术两兄弟的号召，手拉着手、肩并着肩一起入盟，成为会员。

但是，张邈这个人有个最大的缺点，那就是心里藏不住事儿，而且特容易表现出来。

当初在联盟的时候，因为看不惯盟主袁绍做事的方式，所以经常私下和别人议论，结果三传两传，就传到了袁绍的耳朵里。

袁绍心眼儿比较小，知道是张邈在背后传自己坏话，立刻找来了曹操。

他对曹操说："张邈这个人不行，个人能力差不说，还经常喜欢在背地里传闲话，搞得现在整个联盟内部风气特别不好，我觉得你应该和他谈谈，劝他自动退群，实在不行就直接办了他。"

但曹操并没有听从袁绍的建议。

他觉得是袁绍自己小心眼儿："大家都是玩了多少年的兄弟了，你怎么能因为张邈说了你几句不好的话，就要让他退群，还叫我去杀了他，这不明显是不仁不义吗？"

从那之后，曹操不但没有因为此事和张邈划清界限，反而和张邈走得更加近了。

在汴水之战中，曹操率军去攻打董卓，张邈还专门派一支部队前去做辅助打野。

由此可见，两人之间的关系，在那时有多么亲密无间。

但接下来发生的一件事，却成为了两人友情的转折点。

那就是曹操做了兖州地区的州长之后。

当时张邈所管辖的陈留也属于兖州地区。

也就是说，曾经艰苦创业的曹操，一转眼就成了他的顶头上司。

而且这个顶头上司在各方面能力都比自己要强出一大截。

这令张邈心里感到非常不舒服。

"凭什么让曹孟德来做兖州的一把手？我哪点儿比他差？想当年他落魄的时候，要不是我的鼎力支持，他能顺利招募到兵马吗？"

一个人若长期处于一种不安的情绪中，唯一能做的就是想尽办法来保护自己。

张邈当下就是这样的状态。

而陈宫显然也是。

所以，曹操一走，这两人便立刻结盟，达成了反曹的共识。

当然，在整个事件当中，还有一个至关重要的人不得不提，那就是我们三国时代的第一悍将，武力值高达一万的"战神级"人物——吕布吕奉先。

对于吕布这个人，相信不用多说，大家也都知道他是谁，做过哪些事儿，因此这里也就不做过多介绍了。

那么，这一切究竟是如何发生的？

为什么陈宫、张邈、吕布这三人会突然联合在一起抄曹操老窝呢？

各位看官先别急，这饭要一口口吃，事儿也要一件件听，接下来，我们就来道道这其中缘由。

先前我们说过，陈宫早年是在吕布集团担任重要职位的，虽然之后陈宫跳槽到了曹操这边，但这并不影响他跟吕布之间维持良好的关系。

两人之后虽然不再是上下级，但一直有书信往来。

而这一次事件的导火索正是两人之间的书信。

三、集团内部出了两个叛徒！

这一年是东汉兴平元年（194）的夏季。

此时的吕布因两年前与司徒王允等人一起谋划刺杀董卓，而遭到董卓旧部李傕、郭汜等人的追杀。

他原本想投靠势力最强大的袁绍和袁术两兄弟，没想到先后遭到两人的不信任与反感。

在给陈宫的书信中他写到自己目前就在兖州附近，听说曹操不久前刚带兵去打陶谦了，自己现在是无主之客，问陈宫能否看在多年交情的分儿上，让自己在兖州待些日子，等曹操一回来，他马上就走，绝对不会给陈宫添麻烦。

信中的言辞虽然写得很委婉，但陈宫一看便明白了其中的含义。

吕布这是在试探自己是否愿意助其反曹夺取兖州。

先前讲过，陈宫早就有反曹之心，而吕布的这封信正好成了他走上反曹之路的催化剂。

但这么大的事情可不是他一人能够完成的。

他还需要找个帮手。

于是，他很快就想到了张邈。

这一天下班后，陈宫没有像往常一样回到自己的住处，而是马不停蹄地来到了张邈的家，并将吕布给他写的书信内容以及内藏的含义向张邈全部叙述了一遍。

张邈刚开始还有些犹豫，毕竟他与曹操是多年的好兄弟，而且曹操一向待自己不薄，若自己真与陈宫、吕布联合起来反曹夺取兖州，心里总难免有些不舒服。

陈宫劝张邈说道："曹操此人心狠手辣，这一点从他杀边让等兖州名士便可看出。这样的人，将军觉得他能真心待将军吗？如今天下群雄并起，将军乃一代俊才，本该有一番大作为，怎能屈尊于他曹孟德之下？"

这句话一出口便直戳张邈心坎。

陈宫一看自己的话起了作用，于是继续添油加醋说道："我知道将军与吕布交情也不浅，当时吕布离开袁绍准备投靠张扬路经陈留时，就寄居在将军家中。"

张邈道："话虽这么说，但……"

陈宫打断他的话，接着说道："吕布的人马此刻就在兖州附近，将军何不趁机与我一起迎他进城取曹而代之？"

张邈沉默不语。

陈宫急切地说道："将军莫要再犹豫了，一旦错失此良机，日后若再想扳倒曹孟德这棵大树可就难了！"

在陈宫的不懈努力下，张邈终于答应了。

他们还将张邈的弟弟张超、许汜、王楷几人一起拉入了临时组建的"反曹小组"，共同密谋如何与吕布里应外合夺取兖州。

而此时，荀彧与助手寿张令程昱两人正在鄄城内（今山东鄄城北面一代），并不知晓陈宫、张邈等人的诡计。

程昱乃是兖州东郡东阿（今山东东阿）人士，曾于初平三年（192）率兖州地区民兵抗击黄巾军反政府武装而立功，被曹操看中，招聘到自己集团做寿张令至今。

这次曹操东征陶谦，带走了大批人马，只留了荀彧与他两人镇守兖州，可见对他也是十分器重。

他后来为曹魏集团的发展也做出了重要贡献，并与曹操之弟曹仁、袁涣之子袁涣三人并称为"勇冠贲育"，这里暂且不详述。

单说这一夜。

已到了子时，荀彧与程昱两人还没有下班回家，依旧在办公室里挑灯夜战，伏案工作。

正在这时，忽听门外守卫禀报张邈的手下官史刘翊特来求见。

荀彧心想：张将军这么晚让刘翊来见我，肯定是有什么重要的事情。

于是，他立刻命人将刘翊带进了屋。

这刘翊与荀彧都是颍川人士，与张邈一样，刘翊也时常救济穷人，在颍川一代颇有威望，因此，荀彧平时对他也颇有好感。

此刻见到刘翊，荀彧更是没有多想，只当对方是有紧要公务，便立刻问刘翊："张将军那边是不是出了什么问题？"

谁知，刘翊一开口竟说的是吕布人马此刻就在兖州附近逗留的事。

只听刘翊说道："张将军和各位同僚的意思是，吕将军此来是帮助我们攻打陶谦，此刻在兖州城外兵困马乏，我们应该打开城门，让他们进来休整，再给些粮草，好叫吕将军前去和曹使君的人马会合共战陶谦。"

听了刘翊的话，荀彧与程昱两人面面相觑，半天说不出一个字。

这种事听起来就叫人生疑。

众人皆知，曹操虽然从未与吕布结怨，但也从没有与其有过任何来往，而且吕布先前投靠袁绍、袁术集团都已失败，现在处于无业状态，正在四处寻找安生之所，此时忽然出现在兖州附近，这的确令人不得不起戒备之心。

做集团高管兼 HR 这么长时间，见过形形色色的人，聪明的荀彧怎么会嗅不到这其中的猫腥味儿呢？

沉吟良久，荀彧心中忽有一计，转而向刘翊不动声色地说道："好，我这就命人前去准备粮草接应吕布，你回去禀报张将军等人，让他们静候。"

刘翊一走，一旁的程昱便道："此事其中必定有诈，文若兄千万莫要……"

荀彧淡定一笑，道："你以为我真会听信陈宫、张邈的鬼话？"

不等程昱开口，荀彧已唤进一亲卫，道："传我令下去，全城军队从今夜起加强戒备，警防张邈等人部队以及城外吕布的兵马靠近。"

他一边说，一边提起桌案上的笔墨。

屋内烛光昏暗，程昱并没有看清他在写什么，等他这句话说完时，手上的笔也正好写完。

只见荀彧双手将信纸拿起，轻轻一吹，将信上的墨迹吹干，之后装入信封递给这亲卫，又道："第一件事办完后，你立刻快马轻骑出城，切记，莫要让任何人发现，沿小路直奔东郡，将此信亲手交与东郡太守夏侯惇将军，不可有误。"

亲卫得令而去。

而此时，兖州各诸城已几乎全部被陈宫、张邈等人说动，纷纷加入到"反曹小组"当中，几拨人马汇聚在一处，眼看大战一触即发。

另一边，东郡太守夏侯惇收到荀彧的来信后，打开一看，便知大事不妙，立刻点齐手下兵马，快马加鞭赶往荀彧处救援。

谁知，半路上夏侯惇的人马还未靠近鄄城，便与吕布的部队撞了个正着。

双方士卒都是刀山火海闯过来的铁汉，此刻狭路相逢，那真如同针尖对麦芒，当下话不多言，便开始了一场厮杀。

吕布虽是当世有名的悍将，但夏侯惇也丝毫不弱，一马当先，率先冲入敌军阵营中，挥舞起手中几十斤重的长刀，刹那间便砍伤十多名敌军，气势汹汹，竟无人可挡。

吕布见状，顿时怒从心头起，恶向胆边生，手背青筋凸起，紧握方天画戟，脚跨赤兔烈马，仰天一声暴喝，闪电般直冲夏侯惇杀将而来，抬起手中方天画戟直刺夏侯惇胸膛。

夏侯惇眼疾手快，见方天画戟直奔自己胸口而来，当下便一拧身弯腰，躲过吕布凶猛一击，随即手腕一转，将手中长刀向上一挑，斜砍吕布脖颈而去。

吕布将方天画戟迅速回撤，枪杆一竖，正好挡住夏侯惇这一砍，只听"叮当"一声，两人兵器相击所发出的脆响不绝于耳。

说时迟，那时快！

眨眼间，两人便已互相攻出数十招，恶战在一处，打得难解难分。

吕布乃五原郡九原县（今内蒙古自治区包头市）人，不知是不是带有草原游牧民族血统的关系，自小便勇武好战，善于骑射，后又苦练枪法，一生大小迎战无数次，却很少有战败记录，被称为"飞将"。

而夏侯惇性情刚烈，周身孔武有力，且从不惧生死，天生有着极强的单兵作战的能力，比起昔年楚霸王项羽，那真是有过之而无不及。

因此，这二人对战，那真是龙虎相斗，难分高下。

就在两人以命相搏的同时，双方的兵马早已混战交织在一起，长枪重戟，飞箭过膛，头躯分离，片刻间便已是鬼哭狼嚎，尸骨满地，血流成河。

吕布兵卒长期四处奔波，所以部队多以骑兵为主，作战时常用引诱、偷袭等多种游击打法，扰乱对方阵型，分割完对方主力后，再将其逐一吞灭。

这样指东打西的作战方式常常使敌方防不胜防，战线一旦拉长便使敌方部队消耗过大，无法集中火力进攻。

吕布依靠着这支部队，曾经战胜过不少敌手。

但这一回，他遇上的偏偏是有着精良武器装备的夏侯惇部队。

夏侯惇的部队不但兵强马壮，且作战经验也十分丰富。

因此，与敌对战时常展现出超乎一般的团结，互相配合十分默契，不易被诱导，形成一种你中有我、我中有你的势态，使敌军难以击破。

随着时间推移，夏侯惇一方明显占据了上风。

吕布见眼前局势对自己不利，再战下去已无意义，只会损耗自己一方兵力。

他虽心有万般不甘，但为了保存实力，也只好率领手下残余部队快速撤退。

夏侯惇本想乘胜追击，但顾及兖州大局，便放了吕布一马，掉转马头，率领部下前去与荀彧会合。

四、给了郭贡一颗定心丸

此时兖州内，陈宫和张邈眼见原先的计划没有得逞，于是便领导"反曹小组"准备预谋导演一场更大规模的骚乱，借此想引吕布人马进兖州鄄城。

正当局势即将失控之时，夏侯惇的援军及时赶到，雄赳赳、气昂昂地踏进城门。

夏侯惇一进城便迅速控制住了局势，与荀彧二人一同将带头闹事的几十名官吏当场处决，杀鸡儆猴，兖州局势暂时就此稳定下来。

陈宫、张邈二人见精心谋划的局又被识破，气得掀桌子，连夜率军强行进行反攻，希望冲破防线。

但此时鄄城、范城、东阿三中心县城明显已被荀彧、夏侯惇牢牢掌控了全局，陈宫、张邈一方人马苦苦支撑到天明依旧无果，最终不得不以失败告终。

但此时既然已撕破脸皮，又岂能就此作罢？

不得不说，陈宫这个人的智慧与定力还是比一般人要强得多，都到这时候了居然还能临危不乱，思路清晰。他二话不说，提笔致信给自己的另一个后备队员豫州刺史郭贡，准备启动 B 计划。

郭贡作为一个隐藏身份的地下工作者，等待上峰陈宫的指令已经等了好久。

当他收到陈宫来信的那一刻，心里知道，终于轮到自己登场了。

当天，他将手下所有兵马全部带上，抱着破釜沉舟的心态，向着鄄城的方向，浩浩荡荡开拔而去。

在他看来，夏侯惇部队多日来连续作战，此时精力必定已消耗过半，自己这个时候出场去攻打鄄城，简直是易如反掌。

可谁知，人算不如天算，夏侯惇的部队出乎意料地顽强，郭贡连续强攻鄄城十多天竟没有占到半点便宜，反而自己一方战士的意志日渐消沉。

在这种消极情绪的影响下，郭贡渐渐对自己当初的选择产生了严重怀疑，甚至有了恐惧。

他怕自己站错了队。

万一陈宫、张邈失败了，自己岂不是也要跟着一起承担后果？

于是，这一日，郭贡再也忍受不住，便派亲卫去鄄城找荀彧替自己带话，想与荀彧见面谈判，地点就约在城外十里长亭。

荀彧得知后，并没有感到一丝意外，似乎一切都在他的意料之中，很爽快地答应了郭贡的见面要求。

夏侯惇得知此消息后，急忙放下手头一切工作，赶来劝阻荀彧说道："孟德现在不在，你就是兖州一把手、主心骨，万一郭贡此举是故意引你出城，趁机加害于你怎么办？不如让我派人连夜偷袭他军帐将他除去，以绝后患。"

荀彧微微一笑，摇了摇手，道："不可，千万不可。"

夏侯惇道："不怕一万，就怕万一啊！"

荀彧道："郭贡能在这个时候提出与我见面，就说明他已经开始举棋不定，想试探我们的虚实，因此，这个时候我去见他，只须摆出一副胜券在握的样子，三言两语间就能将他忽悠得怀疑人生，最终撤兵。但假如你这时候带人去除掉他，万一不成功，被他逃掉，他就有可能完全倒向陈宫、张邈一边，彻底与我们决裂，那样一来，反而对我们不利了。"

事实果然如荀彧所料，郭贡与荀彧见面时，反复地在用言语试探，见荀彧淡定自若，如往常一般风趣幽默，丝毫没有惧恐，心里更加不是滋味，当下便向荀彧示弱，表明自己当初是受了陈宫那厮的蛊惑，才鬼迷心窍走了弯路，现在甚是后悔想弃暗投明，恳求荀彧看在同僚的情分上能不与其计较。

荀彧轻摇手中鹅毛扇，笑道："陈宫、张邈二人联合吕布想趁机占取兖州，这步棋本就是大错特错。吕布此人虽有一身武艺，却没有雄才大略和高瞻远瞩之雄心，他连续投靠袁绍、袁术两兄弟均以失败告终，由此便可看出此人难成大事，郭兄能够及时自醒，不与其同流合污，这证明郭兄是个聪明人，彧只希望郭兄日后能够一直保持中立态度，洁身自好，潇洒度日。"

郭贡诚惶诚恐地道："那是自然，那是自然。"

荀彧满意地点点头，道："那么今日就请郭兄带着兵马返回吧！"

郭贡连忙应道："好！"说着便起身翻身上马，带着手下部队头也不回地绝尘而去。

就此，陈宫、张邈与荀彧斗法连输两局，最终只占取了濮阳及周边地区，而最核心的鄄城、范城、东阿三县城始终未能攻破。

五、先屯粮，后打仗

与夏侯惇交战失利并没有让吕布就此罢休。

趁兖州各地打得跟一锅粥似的时候，他则趁机将手下部队分成两部分，一部分派去偷袭夏侯惇管辖的濮阳，另一部分则派去假惺惺地向夏侯惇投降。

要知道濮阳是夏侯惇部队所有粮草的来源之地，一旦失守，后果将不可想象。

吕布的人马偷袭濮阳，其目的就是为了要截获夏侯惇的粮草。

而被蒙在鼓里的夏侯惇并不知晓吕布的阴谋。

对于吕布派人偷袭截获夏侯惇粮草这一段，咱们暂且放下不表，单说夏侯惇这一边。

当夏侯惇见吕布手下将领来投降，并没有多想，以为对方是想弃暗投明，真心归降。

一旁的荀彧心中却有种不好的预感，于是便对夏侯惇低语提醒道："吕布此人反复无常，或总感觉其中有诈，夏侯将军当小心为上，不可轻信。"

夏侯惇道："正因为吕布是这样反复无常的人，他的手下才会受不了他，纷纷弃暗投明，依我看这投降假不了。"

荀彧道："话虽如此，但将军不能不留心啊！"

夏侯惇道："好，元让明白。"

他嘴上虽这么说，但心里却只觉得是荀彧太过敏感，一转身，便将荀彧的话抛在脑后。

谁知就在这时，只见方才还跪地请罪、态度诚恳的几名将领，突然长身而起，拔出腰畔长刀，发疯似的向荀彧、夏侯惇砍杀而来。

夏侯惇为了保护荀彧，以身涉险，率先一步挡在荀彧身前，与对方进行殊死搏斗。

然而，这一举动恰恰中了对方计策。

这些人的真实目的就是为了抓夏侯惇，十几人同时围攻夏侯惇一人，没费多大力便将夏侯惇拿下。

荀彧则在身旁几名亲卫的保护下顺利脱离危险。

此消息很快传遍了整个夏侯惇军营，一时间，众将领人人惧恐。

只有夏侯惇手下得力干将韩浩例外。

他在得知此消息后，并没有惊慌，而是命手下兵卒不用顾忌人质夏侯惇的个人安全，拼死向劫持者开战，杀伐果断，令人难以想象。

局势瞬间紧张起来。

众将领同仇敌忾，齐心协力与挟持者对战。

经过一番生死的角逐，最终将所有挟持者杀死，成功营救出夏侯惇。

此后几个月，夏侯惇的部队接连与陈宫、张邈、吕布人马会战，在此期间，双方各有胜败，直到兴平二年（195）的正月。

这一月，曹操率领大军回师兖州，与夏侯惇部队整合，火力全开，先后将张邈、陈宫等人击败；次月，马不停蹄，再次进攻被吕布所霸占的濮阳。

双方人马拼死绞杀，打得昏天黑地，日月无光，大战一直持续到傍晚。

吕布真对得起"飞将"这一称号，将手中方天画戟舞得跟张密网似的，谁碰谁死，硬生生杀出了一条血路，一直杀进曹操大营。

曹操一方顿时军心大乱。

曹操本人见此情景也是心生惧意，骑马奔逃时不慎坠马，摔进了一旁的火堆中。

幸亏他反应迅速，及时就地打滚儿，将身上燃火及时熄灭，但左手却不幸被烧伤。

情急之下，曹操也顾不了太多，在夏侯惇与大将典韦二人的共同掩护下，再次翻身上马，狂奔而去。

不久之后，曹吕二人在定陶（今山东省菏泽市定陶区一带）对战。

曹操一方全军上下齐心协力，奋勇作战，最终将失地夺回。

该年五月，曹操率军再次进攻巨野（今山东省巨野东北部一带）的吕布部队，歼灭盘踞在巨野一带的吕布军队，再次取胜。

与此同时，蝗灾虽然已经得到有效的控制，但依旧没有根除。

为了根治当地蝗灾，曹操部队除了要随时提防吕布人马侵犯，还要帮助农民到地里除蝗虫，一天到晚，忙得脚打后脑勺。

巧合的是，就在这时候，曹操忽然得到远在徐州陶谦的死讯，于是便萌生了趁机攻占徐州这一块肥肉的念头，但又担心吕布随时会卷土重来，一时左右为难，不知如何选择。

正在发愁之时，搭档荀彧劝谏说道："当年高祖刘邦、武帝刘彻都是在稳固了自己基地的基础上逐渐开疆扩土，最终使我大汉雄傲四方。如今将军的处境也是如此，兖州便是主公您的基地，而且这里地理位置重要，横跨黄河两岸，易守难攻。如今吕布虽有收敛，但仍就不死心，随时有可能卷土重来，而陈宫、张邈等人之前吃了败仗，此刻想必不敢轻易西进。"

曹操觉得荀彧分析得很有道理，于是点头道："那么以文若之见，接下来我们该当如何呢？"

荀彧道："眼下正是蝗灾泛滥之际，我们不如加派人手，将剩余粮食收割，储存起来，使全军无粮草之忧，这样一来士气必定大振，如此，就可毫无顾忌地先将吕布这根肉中刺除去。等吕布一除，便可腾出手来联合扬州的刘繇一同进攻袁术，到那时，我军便可控制淮水、泗水一带地区。"

曹操越听越认同荀彧的看法。

只听荀彧接着道："如果这时候我们将吕布晾在一边不管，而举兵攻打徐州，那么兖州就会又陷入之前陈宫、张邈等人叛乱时候的处境，到那时兖州兵力不足就得招大批百姓来守，而百姓无从军经验，遇乱则慌，吕布如果这时率军来攻，兖州必定失守被其吞并。"

曹操不知不觉出了一身冷汗。

荀彧接着道："何况现在陶谦虽死，但其手下死忠的将士却未亡，加之上次攻打徐州时，主公采用的报复手段过于残暴，使徐州百姓怀恨在心，此时想必已是上下一心，同仇敌忾，主公选择在此时攻打徐州成功概率不会很大，撑不了多久，主公所带的数万人马将会因疲乏作战而意志消沉，如此一来，这一仗算来算去对我们都是百害而无一益的。"

曹操听罢，长叹一声，道："幸亏有文若在我身旁，及时提醒我，否则我这次出征攻打徐州必定输得血本无归啊！"

荀彧道："以主公过人之谋略并非想不到这其中的利弊，只不过主公您太想吃掉徐州这块肥肉了，一时被这念头所迷惑，而没有想到后面的一层。"

曹操道："那依文若之见，接下来，我们该怎么做呢？"

荀彧眼珠一转，计上心来，凑到曹操耳畔喃喃低语了几句。

曹操听罢，仰天大笑，道："文若你真乃神人也！"随即依荀彧之计而行。

此后大部分曹军都到田地里灭蝗虫、收粮食去了，只有小部分兵力在大本营西边灌木杂草中埋伏，预防吕布人马来袭，而闲下来的百姓则正常生活，日出而作，日落而息，如往日一般。

结果这一招果然令吕布上当了。

六、虚晃一枪

这一日，吕布率大军来袭，结果在离曹营不远的地方就停住了。

他抬手揉了揉自己的眼睛，喃喃道："我没看错吧？"

眼前曹军大营的景象实在令他难以置信。

只见百姓们安然自若地进进出出，营中没有一名站岗放哨的士兵，压根儿没有随时备战的样子。

吕布心中生疑，暗自道："曹操玩的是什么把戏？这军营中的士兵又都去了哪里？"

但转念一想，又觉得不太对："难不成是曹操故弄玄虚，在大营附近设了埋伏？"

为了引蛇出洞，吕布派了一拨人马先去骚扰普通百姓。

谁知，经过两次三番地骚扰平头百姓，曹军大营内依旧没有任何动作，没有任何士兵出现，连个鬼影都不见。

其实，这正是荀彧计策的高明之处，用的正是大家熟知的"空城计"，令敌人摸不清自己的脉门用意，从而产生一种疑中生疑的心理。很多人看《三国演义》误以为"空城计"出自诸葛亮之手。这里要和大家说明一下，在正史中使用"空城计"的人并不是诸葛亮。此计是由荀彧谋划献给曹操，并最终由曹操实施的。

吕布胆子越来越大了，心想："看来曹营是真的没有士兵，既然如此，我不如就此趁火打劫，借机夺取兖州。"

于是，吕布便率主力部队进入曹营。

可谁知，就在这时，埋伏在四下的曹军纷纷跳了出来，里三层外三层将吕布和他的军队当饺子馅儿一般包裹得严严实实。

吕布见曹军从四面八方涌出，当下便知上了曹操的当，嘴里将曹操的十八代祖宗骂了一个遍，连忙调转马头，想冲出包围。

经过一番殊死拼杀，吕布最后侥幸逃脱，却也狼狈不堪。

就此，兖州之战最终以曹操集团大胜而告终。

陈宫最后也只能随着吕布而去，四处奔波，一同寻找安身之所。

张邈则在投靠袁术的路途中被手下士兵暗杀，了结一生。

曹操大获全胜打败吕布收复兖州，为将来曹魏集团统一北方打下了坚实基础。在这过程中，好搭档荀彧的出谋献计起到了至关重要的作用，可以说没有荀彧的"先见之明"，曹操很有可能就会失去兖州的管辖权。

但很快，随之而来的全新挑战，又会使荀彧、曹操乃至背后的整个曹魏集团做出怎样的选择呢？

第三章

迎奉天子，大败袁绍

上一章我们交代了，曹操与吕布争夺兖州，荀彧向曹操献计，并最终助曹操大获全胜，夺回兖州控制权的前因后果。

而这一章我们则来说一说，荀彧作为曹魏集团的二把手兼智库团队的最高首席大谋士，为集团发展做出的另外两项巨大贡献。

这两项巨大的贡献不仅使曹操一跃踏上了人生巅峰，做到了"挟天子以令诸侯"，更在之后的"官渡之战"中大败袁绍，从此统一北方，笑傲数十年。

一、逐渐壮大的曹魏集团

时间到了建安元年（196）的二月份。

此时，正是北方春寒料峭之际，千里冰封的积雪还未消尽，大地依旧是一片苍茫。

荀彧自从帮助曹操铲除了内奸陈宫、张邈，赶跑了吕布，又及时控制住了兖州地区的蝗灾后，便赢得了曹操更多的信赖。

为此，在集团表彰大会上，曹操特意以集团的名义奖励了荀彧一套环境优美、视野宽阔的大别墅，所有的丫鬟、佣人和马夫都是随别墅赠送的，还将他的孩子都安排到了当地的贵族学校学习，每天有专人负责接送。

而荀彧本人在这之后便暂时放下手头的工作，休了一段时间的长假，过上了较为清闲的日子，每天除了吃饭，就是四处采采风，写写文章，写写诗词，与三五知己聚聚餐、喝喝酒等。

在这一段时间里，兖州地区又再次刮起了"荀彧风"，大街小巷到处都在流传这位传奇人物的故事。

然而，荀彧本人对这些都不在意，他本人始终如一保持着"低调做人，高调做事"的态度，等自己年假结束后，便又立刻全身心地投入到紧张的工作中去。

在这个阶段，他不仅为集团未来几年的战略做了明确的规划，为曹操在打败吕布夺回兖州地区控制权之后，向外扩张地盘，制定了一系列快速有效的战略方针，连续助曹操击败了汝南郡（今河南上蔡西南一带）和颍川郡（今河南禹县一带）的黄巾军反政府武装，而后又闪电般攻下许昌（今河南省许昌市）。

此时的曹操在荀彧这个集团二当家兼项目经理人、CFO、HR的协助下早已摆脱了袁绍的控制，甩掉了多年戴在头上"袁绍跟班小弟"的称号，一夜咸鱼翻身，和荀彧两人创业成功，将曹魏集团发展成了当时几家为数不多的大企业、巨头公司之一，所控制的势力范围俨然已与昔日的好兄弟袁绍旗鼓相当。

正所谓"二虎相争，必有一伤"，眼看曹操与袁绍二人之间的角逐大战一触即发。

虽然曹操一直明里暗里避免与发小袁绍发生正面冲突，但双方的小摩擦一直不断。

对此，荀彧不止一次地提醒曹操，要提前做好与袁绍开战的准备。

荀彧认为，袁绍这个人不仅嫉妒心极强，而且心眼儿小，自己办不成大事，也不允许别人办成大事，眼见曹操近年来实力越来越强，队伍越来越大，心里肯定不舒服，所以早晚会找个理由与曹操大打出手，曹操与其坐以待毙，不如化被动为主动，早早做好与袁绍开战的准备。

曹操虽然也认同荀彧的看法，但一想到要与自己的发小剑拔弩张，心里还是不太舒服。

荀彧见曹操如此，心里也能理解曹操的感受，但为了整个集团的未来发展以及生存空间，他不得不再三提醒曹操。

然而，就在曹操犹豫不决之时，一件意想不到的事情发生了，彻底成为了袁绍、曹操集团互相厮杀争夺生存权的催化剂，使得本来就紧张恐怖的局势变得更加紧张，也更加恐怖。

二、该不该迎接小皇帝

兴平二年（195）司隶校尉李傕杀了左将军樊稠，而后与军阀董卓的旧部郭汜二人各自为营互相厮杀，闹得整个长安城（今陕西省西安市西北地区一带）鸡犬不宁，上至朝中各部官员，下至平头百姓，人人不得安生。

汉献帝刘协为了平衡两边势力以达到保全自己的目的，特意派人为两个人说和。谁知，李傕与郭汜两个人竟然都不把刘协这傀儡小皇帝当回事儿，继续自顾自地闹腾。

为了彻底掌控朝权，郭汜派人趁夜潜进皇宫绑架小皇帝刘协作为自己的筹码。

但万万没有想到的是，他能想到的，李傕也同样能想到。

就在郭汜派去皇宫绑架小皇帝的刺客刚潜入皇家内院时，另一边的李傕早已派人将小皇帝刘协和皇后抢先一步劫走。

郭汜得知此事后，气得又是摔杯砸碗，又是连连跺脚，将李傕十八代祖宗挨个儿问候了一遍。

他先命手下的人将长安城内东、西、南、北四道城门全部封死，而后，亲自率兵出击，与李傕一方人马相互玩命厮杀，刹那间使得长安城内血雨腥风，白骨遍地。

数月后，原本热闹非凡的长安城已变成一座尸骨成山的鬼城。

而这个时候的汉献帝刘协早已被车骑将军杨奉、卫将军董承等一众贴身保镖大臣救出，脱离危险，摆脱了李傕、郭汜的控制，离开长安，一路奔波，东行而去。

说起这车骑将军杨奉和卫将军董承，就不得不费点笔墨做个简单介绍了。

先来说说杨奉。

杨奉早年是黄巾军反政府武装内部"白波军"的一个小头目，后来黄巾军反政府武装被汉朝政府军击垮，分散四处彻底沦为恐怖分子组织后，他便脱离了原先的队伍，投靠在了军阀头子李傕麾下，并对其马首是瞻，于是混得风生水起。

李傕到了京城后和郭汜两个互相看不顺眼，杨奉便借机在两人中间做了根"搅屎棍"，使得他们矛盾激化，最终引发了一场腥风血雨。

杨奉见时机成熟，立刻脱离李傕阵营自立门户，主动向小皇帝刘协表忠心，摇身一变，成了贴身护卫，小心翼翼地护送小皇帝刘协逃离咸阳。

小皇帝刘协为了能暂时稳住杨奉这棵墙头草，让其死心塌地地做自己的贴身保镖，特地给他"车骑将军"这个有名无实的空头衔儿。

杨奉一看自己混了这么多年，如今终于进入了体制内，当下便将小皇帝奉作了心中的主神，死心塌地地为其卖命。

董承的身份说来就更有意思了。

首先，他是汉灵帝刘宏的母亲董太后的侄子，也就是说，他是小皇帝刘协的表叔。其次，他的宝贝女儿又嫁给刘协做了董贵人。

据说，董承早年是大军阀头子董卓的女婿牛辅身边的小跟班，后来董卓被推翻，他立马临阵倒戈，向自己的表侄子刘协亮明身份，说自己是卧底，之前一直在潜伏。

当时局势混乱，刘协也没工夫去查他说的是真是假，看在沾亲带故一家人的分儿上，便封他做了卫将军，往后享受"列侯"一级的待遇，与杨奉两个人拼凑成左右护法组合，一同保护自己。

当然，至于之后董承官越做越大，人也越来越放肆，假冒汉献帝刘协的衣带诏，与王子服、刘备等人密谋诛杀曹操，结果却被曹操识破反杀的事情，讲起来比较复杂，而且跟我们的主线内容没有多大关系，所以在这里就不多说了。

接下来，继续看小皇帝逃出长安以后的事儿。

老话说得好，纸永远包不住火。长安大乱，小皇帝出逃的事儿很快便发酵传开，一时间各种演绎版本铺天盖地席卷而来，引得天下四方军阀一阵骚动。

每个人心里都清楚，在这种时候，只要小皇帝刘协到了谁的地盘投靠了哪家军阀，就意味着今后哪家军阀掌控住了整个天下的局势。但与此同时，相对应的，也就意味着，这个军阀从此变成了"出头鸟"，将会被无数支枪打来打去。

对于此事，全天下的军阀心态都是同样的复杂。

与此同时，曹操也在与集团内部的高层领导班子商讨是否迎接天子汉献帝刘协一事。

因为据前线侦察兵的可靠消息回报，小皇帝刘协目前的地理位置已经离曹魏集团控制下的洛阳城不远了。

夏侯惇、夏侯渊、典韦等人坚决反对迎接天子刘协。

众人反对的理由是："山东未平，韩暹、杨奉新将天子到洛阳，北连张杨，未可卒制。"

这句话的深层意思是："我们在这儿建设自己的'乌托邦'体制挺好的，逍遥又自在，干吗非要把那个傀儡小皇帝接来碍眼，以后干什么事还要都给他打报告，写申请，够烦人的！"

大会上，唯有荀彧一个人投了赞成票，提议迎接天子刘协。

他的理由是："昔晋文公纳周襄王而诸侯景从；高祖东伐为义帝缟素而天下归心。自天子播越，将军首倡义兵，徒以山东扰乱，未能远赴关右，然犹分遣将帅，蒙险通使，虽御难于外，乃心无不在王室，是将军匡天下之素志也。今车驾旋轸，东京榛芜，义士有存本之思，百姓感旧而增哀。诚因此时，奉主上以从民望，大顺也；秉至公以服雄杰，大略也；扶弘义以致英俊，大德也。天下虽有逆节，必不能为累，明矣。韩暹、杨奉其敢为害！若不时定，四方生心，后虽虑之，无及。"（出自《三国志·魏书·荀彧传》）

这段话的意思就是说："咱们要抓紧时间把小皇帝抢过来'挟天子以令诸侯'，千万不能让别人捷足先登，要不然我们这群没编制的闲散兵哪还有好日子过？"

荀彧知道像夏侯惇、典韦这样的糙汉子，一时半会儿理解不了自己的用意，但曹操肯定能反应过来。

他一心为了汉室江山的光复，别说为了信仰做出"挟天子以令诸侯"了，就算让他做出比这疯狂一百倍的事情，他都在所不惜。

荀彧的这一席话说得有理有据，令会场各部门高管无力反驳。

其实，这就是荀彧的高明之处，他先将当时天下的混乱局势做了冷静且细致的分析，然后告诉在场各位，出迎奉天子刘协有诸多有利于曹魏集团的好处，比如可以为整个曹魏集团招揽大项目，赢得最大的筹码和先机。

由此便可看出，荀彧作为一名能力出众的项目经理人是非常合格的，他在前期为曹魏集团招揽的每一项业务都是整个集团通往成功路上的一块块坚硬的基石。

曹操觉得荀彧分析得很对，于是便采纳了荀彧的建议，派自己的弟弟曹仁亲自率军赶去迎接小皇帝刘协。

他一定要赶在所有人之前将小皇帝刘协接到手。

只要能将小皇帝牢牢控制在自己手里，就等同于打牌时摸到了一副好牌，号令天下群雄也是早晚的事儿。

这是他盼望已久的时刻，他怎肯轻易错过？

皇天不负有心人，他果然成功了。

就在其他军阀还在犹豫要不要接小皇帝刘协的时候，曹仁的人马已经率先接到了小皇帝。

眼见曾经还只是个官拜骁骑校尉、一穷二白的曹操，如今竟派自己的弟弟曹仁领着上万精兵气宇轩昂地迎接自己，这令正值青春叛逆期的小皇帝刘协心里既不舒服又有些害怕。

只见面前整齐划一的曹军士卒个个英姿挺拔，刘协即便后悔想逃也为时已晚，只能随曹操而去，任其摆布，从此听天由命。

三、挟天子令诸侯

建安元年（196）八月份，曹操将汉献帝刘协迎进洛阳城。

到了洛阳城后，受苦受难数月的小皇帝刘协在生活上有了质的改变。住上了舒适的房间，吃饭有鱼有肉，营养丰富，虽然不能与之前长安的皇宫相提并论，但比之前那种风餐露宿、四处流浪的日子简直好太多了，由此心里便慢慢开始对曹操这个人有了好感，加之身边人不断提起曹操当年参加"关东义军联盟"对抗过大奸贼董卓的事迹，更觉得曹操乃是大大的忠臣，于是，不假思索地封曹操为司隶校尉，行尚书事。

从此，曹魏集团的一切军事活动便被挂上了"官方行动"四个字，彻底合法化了。

但跟随着小皇帝刘协一起来到洛阳的大臣元老们对曹操是横挑鼻子竖挑眼，各种瞧不上，各种提防。

曹操为此很是烦闷，恨不得将这些老古董一个个都给办了。

就在这个时候，聪明的荀彧又献上了一计。

荀彧的意思是，用许昌高品质的生活水准作为诱饵，以此来吸引小皇帝迁都许昌。

要知道，许昌作为曹魏集团的大本营，不仅方便曹操处理日常公务，而且还有强大的军队做后盾，完全可以将小皇帝和朝中那些自命不凡的文武大臣牢牢控制在手心里。

曹操听从了荀彧的建议，第二日便带着荀彧一同去忽悠小皇帝刘协。

为了能让小皇帝刘协心甘情愿地搬到许昌去住，荀彧和曹操也是豁出去了，特意编了一套生动的说辞将许昌近年来的发展与变化鼓吹一番，比如环境宜人、发展迅速、赶超一线大都市、生活幸福指数高等等，把小皇帝刘协一顿忽悠，说得刘协是心动不已，恨不得立刻回屋收拾东西连夜随曹操搬去许昌，过向往的生活。

隔天上早朝时，小皇帝刘协抑制不住内心的亢奋，当着满朝文武的面率先表达了自己要搬去许昌住高档别墅、晒日光浴、吃山珍海味的想法。

整个金銮殿上连续不断回荡着他一个人滔滔不绝的演讲声。

他本以为等他说完这一段激情的言辞后，满朝文武百官都应该被他高瞻远瞩的智慧所折服，心悦诚服地同意他的观点。

但万万没有想到的是，这时候车骑将军杨奉却第一个站出来提出了反对意见。

小皇帝刘协的脸色顿时沉了下去，冷眼盯着杨奉。

杨奉虽没有荀彧聪明，也没有曹操狡猾，但毕竟也是混迹官场多年的老油条，荀彧、曹操两人此举的用意他当然早就看得清清楚楚。

那许昌是什么地方？不就是他曹操的地盘吗？等小皇帝搬到许昌去，那不就意味着处处要听曹操的摆布了吗？

但杨奉此时发声显然是孤立无援的。

依小皇帝刘协的架势，很明显是在搞一言堂的会议，对与错全由他一人说了算，别人根本别想插话，一番回怼，将杨奉气得七窍生烟，差点没当场吐血身亡。

杨奉深吸一口气，忍住了心中的闷气，顿时便对自己长期以来的选择和付出感到失望。

眼前这小皇帝明显就是在胡闹，哪有做君王的样子？

自己当初拼死命将他从长安城救出，一路小心护送，现在看来简直就是一个笑话。

什么体不体制，什么薪资待遇，他杨奉统统都不要了。

反正自己现在已经将小皇帝刘协平安护送到了洛阳，任务也算完成了，之后再怎么折腾就随他去吧！

"此地不留爷，自有留爷处！我杨奉可不想再陪着你这小娃娃胡乱折腾了，你自己好自为之吧！"

恰逢这个时候，袁术集团正在召开大型招聘会，以高薪资、高职位吸引四方人才去应聘。

杨奉得知此消息后，一咬牙一跺脚，决定离开小皇帝刘协，拿着自己的简历跳槽去袁术集团应聘高管职位。

此后，杨奉这棵墙头草又在袁术打吕布的过程中再次跳槽转投吕布，并助吕布打败袁术，这诸多烦琐的事情咱们这里就不做过多介绍了，回过头来再来说一说荀彧和曹操的情况。

自从将小皇帝刘协拐骗到许昌后，曹操并没有急于露出自己的狐狸尾巴，反而更加收敛自己的脾气，也更加小心做人了。

他不仅将先前许给刘协的高档别墅、山珍海味、优质生活都一一兑现了，还在刘协及一众元老大臣提出要搞宗庙、社稷制度时投了赞成票。

这一系列加分表现让曹操在小皇帝刘协心目中的形象又完美了不少。

于是，小皇帝刘协一高兴，又连升曹操两级，让曹操做大将军和武平侯，令曹操这个宦官养子摇身一变，成了皇帝的心腹。

从此，满朝文武百官再没有谁敢公然对曹操不敬了。

此事对于荀彧、曹操两人而言表面上虽是一件好事儿，但其实却是小皇帝刘协给曹孟德布的局。

因为刘协在册封曹操大将军、武平侯的同时，暗地里也封了袁绍为太尉。

曹操得知此事后，在家细思极恐，心想："刘协这小娃娃真不简单啊！这不明摆着在挑拨袁绍和我的关系吗？"

于是，连夜便赶往荀彧家寻求对策。

这个时候，正好是周末的傍晚，华灯初上，荀彧约了一群好友在家里聚会。

正当荀彧几人推杯换盏、激情慷慨之际，忽见曹操匆匆而来，荀彧便知肯定又出了什么难以解决的大事儿。

果不其然，曹操一见到荀彧的面，便将事情的前因后果一字不差地全吐了出来。

要知道，小皇帝刘协封袁绍太尉可是比封曹操的武平侯低了好几个等级。

谁知，荀彧听完曹操的叙述后，并没有感到很吃惊。

只见他微微一笑，对着曹操说道："袁绍这个人心眼儿小，嫉妒心强，之前就对我们抢先一步接迎小皇帝刘协的事儿愤愤不平，之后不仅明里暗里辱骂我们不仁不义，还暗中命手下间谍乔装打扮前来偷取军事情报，现在小皇帝这么一册封，绝对使他袁绍如临大敌，估计这会儿已经在召开会议商讨如何对付我们了。"

曹操道："那文若，你觉得接下来我们该如何应对？"

荀彧脱口而出八个字，道："按兵不动，时刻准备。"

其实小皇帝刘协之所以会先封曹操再封袁绍完全是想确保自己的安全。

他一方面不得不依靠曹操来巩固自己的身份和地位，但另一方面又怕曹操会像之前董卓那样权倾朝野，不受控制，所以就选中了实力强于曹操的袁绍来做自己的保护伞，以此来制约曹操。

但他毕竟还是不了解袁绍的为人，天真地认为自己只要以天子的身份来下封臣子，袁绍必定会对他感恩戴德、誓死效忠。

然而出人意料的是，小皇帝刘协的册封任命书刚送到袁绍那里就被袁绍给拒收退回了。

袁绍这样做很明显就是不认可刘协这个皇帝。

自从上次曹操抢先一步接走刘协开始，他便气急败坏，不仅诅咒了曹操几个月，还想尽各种办法，联络各种关系来质疑小皇帝刘协的合法继承权，言语之恶毒、行动之卑劣简直到了令人发指的地步，经常骂骂咧咧说要攻打曹操。

荀彧、曹操等人经常收到袁绍的恐吓信，估计也是被闹得烦了，但这一时半会儿还要与袁绍维持表面的虚假关系，不能撕破脸皮。

于是，在荀彧、许攸等人的提议下曹操赶紧向袁绍假装示弱，将自己的官位让给袁绍，还特意买了一大堆礼物派人送到袁绍府上希望借此息事宁人，暂时稳住袁绍。

但袁绍怎肯轻易咽下这口恶气，一边假模假样地接受了大将军的册封，另一方面又在暗地里集结部队准备攻打许昌来教训曹操了。

其实，早在几年之前，袁绍身边的谋士沮授就曾向袁绍提出过"挟天子而令诸侯"的战略方针。

沮授也是最早完整提出"挟天子以令诸侯"方案的人，据史书记载，当时荀彧向曹操提出的是"奉天子以令诸侯"。

这两句话看似虽差不多，但一个是只拿小皇帝刘协当作提线木偶，另一个则是拿小皇帝刘协当作皇帝来对待的。

只不过荀彧向曹操提出的"奉天子以令诸侯"的口号是对外官宣，对内来说依旧是"挟天子以令诸侯"，两者其实并没有太大区别，因此后世的很多史学研究爱好者包括本文笔者在内，都直接用"挟天子以令诸侯"来概括曹魏集团的行为。

但是很显然，当时另一头的袁绍并没有将沮授的这一提议当回事儿，现在被曹操抢了先他当然气不过，恨得牙痒痒。

当然，沮授虽然比荀彧早几年提出"挟天子以令诸侯"这一战略思想，但两者所站的角度不同，如果袁绍一方抢先迎接天子，最后的结局可能就会有所不同，刘协的命运会不会更加悲惨也说不定。

因为，沮授毕竟是站在袁绍集团的角度去思考问题的，而荀彧则是站在整个大汉朝的角度去思考的。

这么一比较，就不难看出谁的眼光更长远了。

出生于颍川世家富 N 代，一心向汉的荀彧似乎比沮授看得更远，考虑得更深。

当时他认定只有曹操能平定四乱，稳住局势，所以也就自然而然地认为小皇帝刘协待在曹魏集团这边是最佳的选择。

至于后来曹操是如何一步一步慢慢露出狼子野心，权倾朝野，此时的荀彧并没有察觉，或者说至少还没有太往心里去。

毕竟，作为曹魏集团的二当家，无论对于集团而言，还是对于他自己与曹操、夏侯惇、夏侯渊等人之间的关系来说，他都已投入了太多的情感。

他坚信曹操与他一样都是一心向着大汉王朝的，只要能保住汉室江山，使其连绵不断，其他乱七八糟的事情，他都可以睁一只眼，闭一只眼。

四、一场关键的集团高层会议

转眼间来到了建安四年（197）的正月。

此时，曹操的部队南下攻打张绣失利，大败而归。

袁绍得知此事幸灾乐祸，笑得合不拢嘴，还专门写了一封信寄给曹操，讽刺嘲笑的话说了满满一箩筐，诸如娶了人家的婶婶，现在把对方惹毛了又打不过……你不行，你就是个完蛋货之类，把曹操的肺都快气炸了。

要知道，早在建安二年（197）曹操率军南下攻打淯水（今河南省南召县一带）时，当时作为镇守育水的建忠将军张绣就主动弃城投降过曹操。

谁知，后来的剧情竟发展到令人难以捉摸的地步。

好色风流的曹操竟然与张绣的叔叔张济的遗孀邹夫人暗生情

愫，勾搭成奸，并最后直接娶了邹夫人做妾。

这事儿要是发生在现代那也就不算是个事儿了，毕竟，曹操与邹夫人是你情我愿，旁人谁也管不了。

但是放在三国那个封建时代，这可就是天理不容的大事儿了。

在那个年代，自家男人死了，作为妻子，应该恪守妇道。守寡度过下半辈子才算符合社会道德，对得起天地良心。

但这邹夫人自从见到曹操，就像是被丘比特之箭射中了心窝子一般，顿时双脚一软，嘤咛一声娇喘，晕倒在对方那宽阔而结实的胸膛里，从此不能自拔。

这下可惹恼了张绣，他对曹操和自己这位不守贞节的婶婶痛恨不已，当天便带领手下将士趁夜偷袭曹操，结果却被曹操大儿子曹昂、侄子曹安民、大将典韦堵截。

经过一番混战之后，暴躁的张绣虽杀了曹昂、曹安民、典韦三人并挫败曹军，但曹操本人却侥幸逃走。

此后，张绣便带着手下弟兄自立门户并与刘表结盟。

这事儿至今仍是曹操的心病，每逢想起都是辗转反侧，难以入眠。

此时，袁绍来信再次拿这事儿来嘲笑他，自然让他感到不爽。

集团各部门高管见状，纷纷劝曹操不要把袁绍说的话当回事儿。

唯有荀彧一人对此没有发表任何言辞。

曹操见荀彧安然自若地坐在那里一句话不说，于是忍不住主动向其追问道："文若，依你之见，接下来我们该怎么做？是和袁绍干一架，还是继续按兵不动？"

荀彧端起面前茶几上的茶杯，呷一口茶，缓缓说道："到了目前这个阶段，迟早都是要打的。"

曹操听罢，皱眉道："但依我们目前的军力如何去应对袁绍的几十万大军？"

此时，在曹操的心里早已对昔日发小袁绍失望至极，往日的情分如今都已如江里的春水一去不回。

荀彧沉吟片刻，组织了一下语言，随后开口道："其一，绍貌外宽而内忌，任人而疑其心，公明达不拘，唯才所宜，此度胜也。其二，绍迟重少决，失在后机，公能断大事，应变无方，此谋胜也。其三，绍御军宽缓，法令不立，士卒虽众，其实难用，公法令既明，赏罚必行，士卒虽寡，皆争致死，此武胜也。其四，绍凭世资，从容饰智，以收名誉，故士之寡能好问者多归之，公以至仁待人，推诚心不为虚美，行己谨俭，而与有功者无所吝惜，故天下忠正效实之士咸愿为用，此德胜也。"（出自陈寿

《三国志·荀彧许攸贾诩传》）

这段文字是荀彧通过度、谋、武、德四方面来分析曹操与袁绍二人的优势及劣势。

荀彧这段话的意思是："从古到今，所有的名将统帅对战时，强大的军事实力固然重要，但关键还得看率领全军统帅个人的德与行。如果统帅个人是个德行兼备的人物，纵然手上兵力不足，但将士们一定会上下齐心，同仇敌忾，上了战场也必定会奋勇杀敌，气势逼人；相反，如果统帅是个德与行都极差的人，纵然手上握有重兵，但将士们互相猜忌不信任，不能做到上下齐心，同仇敌忾，那么上了战场也必定会像一盘散沙，一攻就破，溃不成军。遥想昔年高祖刘邦最后能战胜强大的楚霸王项羽也是这个道理。而如今，放眼天下，能与我们一决雌雄的也只有袁绍集团。我早年在袁绍集团那里干过一段时间，对袁绍这个人还是比较了解的。袁绍给人的初次印象往往都是宽厚豁达，以德服人的谦谦君子，内在却是个小肚鸡肠、刚愎自用的小人。从这一点来看，主公您就比他要强上几千几万倍，您向来豁达宽仁，不拘小节，唯才是举，所以才会吸引天下有能之士纷纷来投，单凭这一点，您已胜袁绍一筹；其次，袁绍向来疑心很重，从不信任任何人，做事又太过于优柔寡断，所以经常错过最佳时机。而主公您却不同，您行事向来杀伐果断，干脆利索，善于观察形势，随机而变，审时度势，因此在这一层，您又胜过袁绍一筹；再者，袁绍集团那边向来军纪不严，士兵纪律松散，赏罚不分明，上至军官，下至普通士兵各有私心，虽人多势众，却不能互相信任，这样的一支军队是靠不住的。在这方面，主公你则不同，您向来纪律严明，赏罚分明，虽然目前我们手上的士兵人数不多，但大家的凝聚力却极强，因此在这方面，您又再胜袁绍一筹；最后，袁绍向来以自己出身名门而自鸣得意，瞧不起他人，沽名钓誉，所以依附在他身边的人大多也都是这样的人，很少有真才实学的能人异士愿意帮他，而主公您却以真心对人，从不在我等面前摆架子、拿身份，从不贪慕虚荣，也不吝啬，因此四海之内的有才之人都心甘情愿地来到您身边，为您出谋划策，所以在这一方面，您又胜袁绍一筹。"

荀彧顿了顿，接着说道："主公您在以上这四个方面都胜过袁绍，以匡复汉室江山的正义旗帜辅佐当今天子刘协，讨伐军阀袁绍，试问天下又有谁敢不服？"

荀彧一番话说得有理有据，掷地有声，在场众人听罢，纷纷点头同意荀彧的观点，曹操听了心里更是美滋滋的，抑制不住心中的喜悦。

通过荀彧的这段话，我们也可以映射到现代职场中去。

在评判某家公司是否有能力完成某个项目时，并不能单从该公司外表营造出的规模大小以及员工的多少来做定论，更多的时候应该看看该公司的老板个人德行和处事风格。

好的老板就像曹操这样，对下属一视同仁，赏罚分明，以仁爱之心待人，坦诚相见，使得员工们有安全感、归属感，有极高的忠诚度，工作起来自然也就更加卖力。

糟糕的老板则像袁绍，虽公司规模很大，员工众多，但老板个人德行实在太差，猜疑心过重，赏罚不分明，贪慕虚荣，做事过于优柔寡断，从而使员工们在日常的工作中积极性不高，自由散漫，执行力不强。

显而易见，当时作为曹魏集团CEO的曹操在听了公司项目经理人荀彧的这番言语后非常高兴。

只听他问荀彧道："文若，依你之见，接下来这盘棋，我们该如何走呢？"

荀彧道："先拿掉张绣，再除掉吕布、眭固这两个绊脚石，之后一鼓作气集中火力与袁绍火拼。"

曹操道："但我现在担心的是一旦动了张绣、吕布、眭固，我们周边的刘表、袁术、孙策等人将会趁虚而入。"

荀彧摇头道："这些人都是各自为政，一时半会儿不会团结在一起，他们现在的心态最多是坐山观虎斗，等着看你和袁绍开打，他们好渔翁得利。"

五、干掉吕布

建安三年（198）五月份，曹操率大军南下再次攻打张绣。

经过几番激烈打斗后，张绣的部队虽连续挫败曹军，但始终没有占到实质性的便宜。

这时，身边的谋士贾诩劝张绣投降曹军。

贾诩给出的理由是：张绣虽然善于用兵打仗，但整体实力还是不如曹操，目前短期突袭游击还能勉强维持局面，可一旦战线拉长，强大的曹军必定会反扑，到时候张绣就很难自保了。

张绣思来想去，觉得贾诩说得有道理，好汉不吃眼前亏，自己不能为了一个不守贞节的婶婶跟曹操硬碰硬，于是听从贾诩的建议，主动摇小白旗向曹操投了降。

与此同时，另一头的袁绍率领大军先攻打幽州，然后向着幽州治下的易京（今河北省雄县县城西北一带）进军。

白马将军公孙瓒的大本营就在这里。

公孙瓒见袁绍大军浩浩荡荡地来了，心里有些发怵，立刻让儿子公孙续去找和自己集团有联盟关系的黑山军反政府武装的头子张燕帮忙。

张燕一得到消息后便带领十几万反政府武装部队，兵分三路赶往公孙瓒处救援。

袁绍一方的工程兵真是脑洞大开，他们中一部分搭云梯准备半夜让士兵爬墙头进城，另一部分则是悄悄在城外墙角挖地道，准备让其余的士兵钻地道进城，一时间易京危在旦夕。

公孙瓒集团虽不知道袁绍那边的工程兵在干吗，但内部却早已充满了紧张且恐怖的气氛，有几名意志不够坚定的大将暗中已经向袁绍递上了跳槽求职信。

公孙瓒见状也是束手无策，情急之下又再次派人去通知儿子公孙续，让他带领着手下部队以点火为信号与城内的军队里应外合，像烙馅儿饼一样将袁绍人马堵住。

但万万没想到的是，这消息却偏偏被袁绍的情报兵截获了。

袁绍知晓公孙瓒的计策后，一对眼珠子在眼眶子里来回一转，于是，一个前无古人后无来者的主意孕育而生。他命手下人换上公孙瓒一方的军服，假扮成公孙瓒儿子的兵卒，依照公孙父子的约定在规定地点点火发出假信号来误导公孙瓒。

结果，公孙瓒果真上当。

他一看城外有火光不停闪烁就认为是自己儿子来了，于是立刻领着兵马出城迎战袁绍军队。

谁知刚一出城便遭受到了袁绍安排在城外伏兵的突然袭击，刹那之间，两面人马混战在一处，鬼哭般的惨叫声响彻云霄。

公孙瓒大惊失色，心知上了袁绍的当，立刻掉转马头，带领着残余士卒向城内狂奔而去。

可这时，袁绍的工程兵已将地道挖到了城内塔楼下，干脆将"挖墙脚"变成了"地道战"，并用火把点燃了塔楼的地基木桩。

塔楼地基下的木桩在遭到大火持续不断地熏烧之后终于支撑不住轰然倒塌。

塔楼一倒连着整个城墙瞬间倒塌了三分之一，城外的袁绍部队趁机一拥而上攻入城内，一直杀进了公孙瓒的老巢。

公孙瓒被逼得无路可退，最后仰天一声长啸，含泪将自己的妻儿杀死，自己则引火自焚。

而就在袁绍攻下幽州的同年，吕布再次投靠到在寿春城（今安徽省徽寿县一带）自称为帝的袁术的门下，两人狼狈为奸一同攻打沛城，赶跑沛城城主刘备。

此前吕布被曹军打败后便又开始四处流浪，后来偶遇了刘备。

刘备向来以仁慈著称，见吕布无依无靠，没有收入实在可怜，于是让吕布到自己这里，并委以重任。

但万万没有想到的是，吕布这个忘恩负义的两面派居然在刘备与袁术发生矛盾之时，暗通袁术，与其再次联盟，一同反攻刘备，趁机夺走刘备地盘，并抓了刘备的老婆和孩子作为人质。

此时，万般无奈且孤立无援的刘备只能委曲求全地向吕布求和。

经过一系列的写保证书、发毒誓，刘备总算从吕布手中将自己的老婆、孩子解救出来，从此闭关修正，准备恢复元气后与吕布再战，夺回自己丢失的地盘。

经过几个月的休养生息后，刘备的人马已经逐渐增长到了上万。

吕布得知后生怕刘备会反攻自己，于是便率先出击，派出部队攻打刘备。

而此时的刘备手下人马虽有上万，但大多都是刚入伍的新兵，根本无法与吕布的正规军作战，于是再次战败于吕布，带着老婆孩子一大家弃城前往许昌投奔曹操。

荀彧、曹操二人做梦都没有想到刘备这种皇亲国戚的后裔，高端的战略性人才会来主动投靠。

尤其是曹操，瞬间有些喜不自胜，忘乎所以，连想都不再多想立刻以高薪资聘刘备为豫州牧。

自从有了曹魏集团这棵大树撑腰，刘备瞬间满血复活，不久后便率军截获由吕布人马护送的运钞车。

吕布得知此事后大发雷霆，分别派出高顺、张辽两支特种部队去攻打刘备。

这高顺乃吕布麾下中郎将，手下士兵向来以强悍精锐凶猛著称，因此号称"陷阵营"。

而张辽最先乃是雁门关的郡吏，后跟随董卓、吕布，因此其身上自然而然便有吕布一样的勇武精神，是三国时期一位不可多得的将才。

恰逢此时曹魏集团的地下情报人员及时截获了吕布攻打刘备的情报，于是便迅速传回总部禀报曹操。

曹操、荀彧得知此消息后下意识互相对视一眼，瞬间心领神会。

曹操向荀彧挑了挑眉毛，那意思仿佛在说："看来这一切都是老天安排好的，要让我曹孟德在与袁绍开战前必须先除掉吕布这个绊脚石。"

荀彧随即冲曹操微微点了点头，似乎在说："那就别等了，赶紧派我们勇武好斗的好兄弟夏侯惇去支援刘备吧！"

于是，曹操立刻派夏侯惇前去支援刘备。

谁知，夏侯惇的部队在半路上就遭到了高顺、张辽的部队拦截。

先前镇守兖州时，夏侯惇曾与这二人交过手，此刻再次相逢那还了得，当下便话不多言，恶战在一处。

这场恶战持续了几个时辰，从午时三刻一直打到隔天清晨，双方士兵纷纷以命相搏，刀砍斧落，血花四溅，死伤无数。

夏侯惇虽然作战勇猛，但终究双拳难敌四手，面对高顺、张辽两拨人马的夹击很快便支撑不住，败下阵来，随后为了保存余力，夏侯惇率领手下残余部队快速撤退。

高顺、张辽两人则一路高歌猛进，到了该年九月，攻破防线，夺取沛城，再次抓获刘备的妻子和孩子。

而刘备本人则在关羽、张飞两位好兄弟的协助下脱离了险境，骑马连夜奔逃赶往曹操处寻求救援。

同年九月份，曹操亲率大军南下攻打徐州（今江苏省徐州市一带），想一鼓作气拔掉吕布这颗眼中钉之后集中精力与袁绍开战。

这时候，当初一起随吕布逃离兖州的陈宫向吕布劝谏说道："曹操大军长途跋涉而来，对我们这里的地形不熟悉，将军可趁机迎战，必定能使曹军大败而回。"

吕布听后将脑袋瓜儿摇得跟拨浪鼓似的说道："不行，曹操大军雄赳赳、气昂昂而来，必定是盛气在旺，这时候我若出去与他迎战根本不会捞到什么便宜，再等等吧，等他们到了下邳安营扎寨时，我再来个突然袭击，将他们像羊群一样赶到泗水（淮河下游一大支流）。"

十月金秋之时，曹操大军已经攻打下了彭城（今江苏省徐州市铜山区大彭镇一带），大军已到了吕布所在的下邳城外，将整个下邳城里三层外三层包了个严严实实，密不透风，可吕布这边却还是不紧不慢，丝毫没有迎战的意思。

这令一旁的陈宫急得是坐立难安，整天在吕布耳边唠叨着："曹军就要攻破徐州了，将军如果再不迎战，我们就要完蛋了。"

正在这时，门外忽有令兵禀报说曹操派人送来了一封信给吕布。

吕布一听，顿时长身而起，命门外传令兵进屋。传令兵将信交递给吕布后便退出了。

此时屋内只剩下吕布、陈宫二人。

吕布拿着信封却没有急着打开，而是问陈宫道："你猜曹操的这封信里说了什么？"

陈宫道："以曹孟德的一贯作风，这封信的内容想必是拉拢将军的言辞。"

吕布听着，不禁笑出了声，道："之前你还劝我迎战于他，可结果呢？呵呵……此刻，曹孟德便写了信送来想拉拢我，这说明什么？说明他还是怕我！"

他一边说着，一边撕开了信封上的封条，随即取出里面的信纸展开一看，脸上的笑容顿时就僵住了。

一旁的陈宫见状不对，立刻将头也凑了过去看信纸上的内容。

谁知，这不看不知道，一看还真的吓一跳。

陈宫这一跳可被吓得不轻。

原来，曹操的这封信并不是要拉拢吕布，而是就当前两军对垒的胜败局势做了一番分析，以此来恐吓吕布。

吕布被曹操的这封信吓得一屁股坐空摔在了地上，当下便决定要摇小白旗投降。

陈宫一看吕布要投降，连忙阻止，说道："将军不可啊！曹操此举分明是运用心理战术来恐吓我们的，将军千万别上当啊！"

吕布揪着陈宫的衣领，急道："那你倒是给我分析看看。"

陈宫道："曹军一路跋涉，一来便马不停蹄地连续拿下我们多座城池，此刻必定已是粮草不足，疲惫不堪，将军这时候便可率骑兵打开城门与他正面一战，而我则带领其余部队埋伏在城内，等曹军一来，我们里应外合，前后夹击，一定能杀他个片甲不留，四散而逃。"

陈宫内心深处对先前背叛曹操一事心有余悸，生怕曹操会跟他算旧账，所以拼命阻止吕布投降。

吕布一听，觉得陈宫说得很有道理，当下便召开了集团紧急军事会议，部署军队，准备全力迎战曹操大军。

当晚，部署完所有战前准备工作的吕布疲惫地回到家中。

吕布的妻子见他这么晚才下班回家，于是便向其问起缘由。

对于吕布的妻子，史书上并没有记载太多事迹，甚至连名字都没有提起，只是说她姓严，是吕布麾下大将魏续一奶同胞的姐妹。

吕布估计也是被问烦了，一时没忍住，于是便将这一整天发生的事儿一股脑儿全告诉了妻子。

据陈寿《三国志·魏书·吕布传》记载，听完吕布长篇大论的叙述之后，吕布老婆先是长叹一声，然后说道："将军自出断曹公粮道是也。宫、顺素不和，将军一出，宫、顺必不同心共城守也，如有蹉跌，将军当于何自立乎？愿将军谛计之，无为宫等所误也。妾昔在长安，已为将军所弃，赖得庞舒私藏妾身耳，今不须顾妾也。"这句话是说，自从先前你与曹操争夺兖州失败后，陈宫就背叛了曹魏集团投靠了我们，如此证明他是一个容易叛变的两面人，现在整个集团内部上上下下都知道他和高顺两人之间有矛盾，如果你这个时候带兵出城去和曹操兵马对战，他和高顺两人必定不能兵合一处，将打一家来守城，如果有什么闪失，到时候你该怎么办？在这关键的时刻，希望你能三思而后行，不要冲动行事。当初在长安时，你就曾抛下我，自己去逃命，当时幸亏有庞舒保护，将我藏在他家里，才免遭敌人迫害，如今你可不能再抛下我了。

吕布当夜辗转反侧，彻底陷入进退两难的思想斗争中难以自拔。

直到次日清晨才做出了最终的选择。

他一面派人悄悄溜出城去找袁术支援，另一方面自己领着一千名骑兵试探性地去和曹军开战。

结果可想而知，他惨败而归。

从此他便躲在城内什么也不做，只等着袁术的援兵来救他。

可是，日子一天天过去，城内的粮草眼见日渐减少，袁术那边却一点消息也没有。

陈宫心急如焚，整天还是不断地在给吕布出各种主意来化解眼前的困境，但吕布对于他的出谋献计每回都是左耳听右耳出，从不当回事儿。

这种上下离心的氛围很快便扩散到了整个吕布集团，使得众人的意志迅速下降。

某一日，吕布部下将领侯成将不久前丢失的战马找到了，众将闻听此讯，纷纷向侯成祝贺。

侯成为此特意在豪华酒楼包下了一桌酒席宴请众人，并派人去请了吕布前来赴宴。

吕布得知此事后气冲冲地赶到酒楼，来到包厢，二话不说，当下抬起一脚踹门就进。

侯成一见吕布来了，立刻笑盈盈地请吕布入座主位，并向其敬上了一杯酒道；"蒙将军威灵，得所亡马，诸将齐贺，未敢尝也，故先以奉贡。"（出自《后汉书·吕布传》）

这句话的意思用现代汉语来说就是："多亏了将军您的神威，才使得我这丢失的爱马失而复得，诸位同僚一听此消息纷纷赶来庆祝我，我十分高兴，于是便做东请大家来撮一顿，但是将军您还没来，所以迟迟不敢动筷，现在您来了，我这杯酒应当先敬您。"

吕布一听，当时就怒了，举手"啪"地重重拍了一下桌子，大声道："布禁酒而卿等酝酿，为欲因酒共谋布邪？"（出自《后汉书·吕布传》）

这句话的意思翻译过来是说："我早就下令全军禁止喝酒，而你们却在这里聚会饮酒，公然违抗军令，难不成是在酝酿着如何害我吗？"

此话一出立刻引得在场众人又惊又怕不敢出声。

从此之后，吕布与部下的关系便渐行渐远，而侯成等人则在心里对吕布有了憎恨，并私下里开始密谋造反了。

经过多日密谋，侯成等人在建安三年十二月癸酉（公元199年2月7日）这一天将陈宫捆绑，带领手下人马出城投降曹操。

这么一来，吕布身边再无能人可用，骤然变成了一个名副其实的光杆儿司令。

在白门楼上，吕布见城墙之外曹军人马竟是密密麻麻如山峦起伏一般望不到边，心下便知自己大势已去，于是让身边几名跟随自己多年征战的亲卫将自己杀了，之后割下头颅出城交给曹操投降以求保命。

几名亲卫多年来形影不离地跟随吕布，早已对其有了深厚的感情，此刻哪里下得去手，纷纷跪在地上向吕布猛一阵磕头，失声痛哭在一处。

吕布见状，心中也是百感交集，不由得仰天长叹，之后带领着几名亲卫出城向曹操投降。

曹操一见吕布出城投降，立刻命人将其五花大绑送到自己面前。

吕布见曹操居高临下坐在马上鄙夷地看着自己，心里顿时一阵不舒服，于是便开口道："曹孟德，你别得意，实话告诉你，我投降并不是因为怕你。"

曹操被他这句话逗笑了，饶有兴致地盯着他，道："哦？"

吕布道："我投降完全是因为手下人背叛了我，使我孤立无援，我为了身边这几位跟随我多年的弟兄性命着想，才迫不得已向你投降。"

曹操道："这么说来，你平时对部下很好了？"

吕布道："当然，我向来对他们不薄。"

曹操闻言大笑。

吕布道："你笑什么？"

曹操笑着说道："你和你部下们的老婆有染，这可真是对他们不薄啊！哈哈哈！……"

吕布顿时哑口无言，过了片刻，他又开口道："你今日若不杀我，我俩便可联手，以后我带领骑兵，你带领步兵，这么一来岂不天下无敌了吗？"

曹操一听，觉得他说得也有些道理，正在犹豫之际，一旁的刘备忽然凑到近前，在他耳畔言语道："明公您可千万别被这小子给忽悠了，想想当年他是怎样对待丁建阳和董卓的。"

丁原丁建阳是东汉末年的大军阀，官拜执金吾、并州刺史，由于十常侍之乱、宦官专权等问题而与董卓有政见分歧，后被董卓、吕布二人所杀。

据说，丁原生前一直对吕布很是器重，两人之间的关系犹如父子一般，但没想到最后却死在了吕布手里。

刘备一句话点醒了曹操，转念一想："对啊，我身边已经有荀彧这个全天下数一数二的天才了，我目前虽然还不是天下第一，但已经稳妥儿坐第二的位置了，谁还需要你这棵墙头草？"

当即便命人将吕布绞杀处死。

一代悍将吕布，一生纵横沙场，最后却不得不以这种悲惨的方式结束了自己的一生。

对于吕布这个人物，《三国志》的作者陈寿先生有一句评语说得非常好，他说："吕布有虓虎之勇，而无英奇之略，轻狡反复，唯利是视。自古及今，未有若此不夷灭也。"

这句话点明了吕布虽是个千年难得的武将，却是个不折不扣的墙头草，唯利是图的两面派，前无古人，后无来者。

六、杀不杀孔融

建安四年（199）四月，曹军北渡黄河，以迅雷不及掩耳之势进攻射犬（今河南省一带），干掉了依附于袁绍的眭固，掌控了河内郡（今河南武陟西南一带）。

至此，曹魏集团的眼中钉、肉中刺全部清除干净，于北边控制了冀州（今河北的中南部、山西西部部分地区、河南北部、山东西北部分地区一带）、青州（今山东半岛中部一带）、幽州（今河北北部及辽宁一带、东北地区一带），与屯兵数十万的袁绍对垒局面已形成，一场改变东汉末年动荡局势的官渡之战已悄然拉开序幕，大战一触即发。

为此，荀彧、曹操俩人一合计，立刻决定召开集团高管会议来商讨与袁绍集团开战的诸多事宜。

当然，在荀彧、曹操的心里已经下定决心要对袁绍开战，但在正式开战之前还是要征集各方意见，共同探讨一下这在所难免的一战该如何打。

但没想到的是，这会开到最后就跑题了，大家讨论的不是该怎么打这一战，而变成了该不该打这一战。

当时，已在曹魏集团任高职的孔融是第一个带头跑题的人，而且是属于怎么拉也拉不回来的那种。

作为孔圣人第二十世孙的孔融向来说话都是直言不讳，不留情面，用现代的话来形容，他就是个彻头彻尾的钢铁直男。他认为："田丰、许攸，智计之士也，为之谋；审配、逢纪，尽忠之臣也，任其事；颜良、文丑，勇冠三军，统其兵：殆难克乎！"

这句话的大概意思是："袁绍集团那边有田丰、许攸，这样足智多谋的顶级智囊团在为其出谋划策，也有审配、逢纪，这样的忠臣在抓集团内部员工的思想工作，更有颜良、文丑，这样的猛将做三军统帅管理部队，我们现在拿什么去和他们比？"

荀彧早知道他会这么说，在打张绣、吕布之前的集团会议中就曾讨论过一回和袁绍开战的问题，当时他虽没有发表什么看法，却很反对荀彧的观点，从那时起荀彧就知道孔融与自己和曹操都不是一路人。

对于这一段，史书中的记载很简略，但我们在这里可以根据现有的资料来猜测一下当时的情况。

在这次会议召开之前作为曹魏集团的大当家和二当家，曹操和荀彧肯定想尽了各种办法来阻止孔融来参加会议，但结果显然都失败了。

孔融不仅来了，而且还在会议上当众提出了反对意见。

这不是公然地和自己老板唱反调吗？

不是明摆着搞不合群吗？

曹操很不高兴。

荀彧也很不高兴。

他不是针对孔融这个人，而是针对他每次到关键时刻就不合群的做法。

他不相信以孔融的智商想不到这其中的道理。

"难道孔融是故意的吗？"

参会的每个人脑子里都在想这个问题。

要知道，和袁绍开战这事儿早就是集团内部众人心照不宣的一个问题了，开会只是为了走个形式，不是在搞一言堂，现在被他这么一搅和，无形中又给大家添了不少堵。

曹操也是在这一刻动了杀孔融的念头。

幸好凭荀彧的聪明才智、缜密的思维和严谨的逻辑还足以应对。

于是，在孔融发言之后，他立刻反驳其道："绍兵虽多而法不整。田丰刚而犯上，许攸贪而不治。审配专而无谋，逢纪果而自用，此二人留知后事，若攸家犯其法，必不能纵也，不纵，攸必为变。颜良、文丑，一夫之勇耳，可一战而禽也。"

这句话的意思就是说："袁绍的兵虽多，但上下都不齐心，田丰、许攸各怀鬼胎，颜良、文丑虽勇猛，但都是匹夫之勇，没有做大将的长远谋略，所以面对这样的一群人，我们又哪里比不上，有什么理由不赢呢？"

史书上对于这段的介绍很少，却不妨碍我们依当时的状况来还原一下场景。

可想而知，听到荀彧这样一番言辞后，自视清高的孔融心里自然很不舒服。

他原本还想再说些什么来反驳荀彧，却被曹操无情地打断了。

只听曹操说道："文若说的话每次都很有道理，真是让人不得不服啊！希望大家都可以向文若学习，分析问题就要分析得透彻，不要老是长他人志气，灭自己威风。好了，今天的会就开到这里了，散会。"

一听到"散会"两字，众人纷纷起身而去，谁也不再理孔融。

最后，偌大的会议室里只留下了孔融一人。

孔融向来桀骜不驯，这一回先是被荀彧当众回怼，又被曹操数落，心里很是不爽，但他依然不觉得是自己的问题。

当夜，明月皎洁。

荀彧与曹操在皎洁的月光下对饮。

曹操端起酒杯一饮而尽，道："好酒！"

荀彧笑道："既然是好酒那就多喝几杯。"

曹操道："不是多喝几杯，而是不醉不归。"说罢，便与荀彧二人放声大笑起来。

荀彧笑着也将酒杯举起，一饮而尽。

他虽不善武，不像武将那般性情粗犷，但论起喝酒却也是谁都不怕。

曹操忽然叹了一口气，道："文若，你还记得你我第一次喝酒的情景吗？"

荀彧道："当然记得。"

曹操道："哦？那你说说看。"

荀彧道："那一晚也和今夜一样，苍穹有星也有月，你我坐在月下对饮一坛老酒，谈论着各自对天下乱世的看法。"

曹操道："不错，你说得一点也没错，当时的确是这样子的。"

他突然叹了一口气，道："光阴似箭，一切都过得太快了。"

荀彧道："谁说不是呢！"

曹操忽然转移话题道："文若，你觉得孔融这人如何？"

荀彧道："孔融这人非常有才学，也非常勤奋，是个不可多得的人才。"

曹操道："那如果我要告诉你，我将来有一天可能会将他杀了，你怎么看？"

荀彧对曹操的这句话并没有感到惊讶。

他与曹操两人相识到这会儿已有七八年光景，两人不但是一起干事业的伙伴儿，也是生活中的好哥们儿，因此，对于曹操的为人他是非常清楚的。

曹操绝不是袁绍那种心胸狭窄之人，他对有才干的人非常尊重，他如果想杀一个人，那么这个人一定是对他造成了某种极大的威胁。

而说到孔融这个人，荀彧心里也是相当复杂的。

一方面，他承认孔融是个非常有才干的人，对他的才华荀彧十分佩服，但另一方面，站在曹魏集团的角度去考虑，他对孔融这个人又感到非常的矛盾。

他始终不能确定孔融究竟和他们是不是一条心。

因为每次在关键时刻，作为集团高层干部的一分子，孔融总会提出一些不利于集团的想法及观点，这就让与他同事的人感到很没有安全感，分不清他到底是敌是友。

所以，当此刻曹操向他抛出这一问题，寻求他的看法时，他只能从整个集团的角度来回答："如果有朝一日，非杀他不可，那一定是他影响了我们的步伐，成为了绊脚石，既然是绊脚石，那么就应该踢开。"

听完荀彧的话，曹操的脸上露出了笑容，道："这么说，文若你不反对我将来会杀孔融了？"

荀彧道："如今天下百姓需要的是安定的生活，没有一个孔融很快还会有第二个、第三个出现，但如果没有了太平盛世，即便天下有一百个孔融又能怎样？"

在他的心里始终以汉室江山及百姓幸福为优先，为了这两个伟大目标的早日实现，他不惜牺牲所有，哪怕是搭上自己性命也无所畏惧。

七、倒戈的刘备

历史的车轮总是变幻莫测，令人捉摸不透。

先前不辞辛苦，跋山涉水来投奔曹操的刘备同学，却在这个节骨眼儿上突然临阵倒戈，趁荀彧、曹操不备，从暗中给两人放了一个冷枪。

这整件事情还要从小皇帝刘协那里说起。

自从上次给袁绍分官儿被袁绍拒绝之后，小皇帝刘协心里就越来越觉得自己不安全。

他怕日渐强大的曹操会像当年的董卓一样，将自己这个皇帝当作提线木偶，随意搬弄。

为了不让当年的惨剧再次发生，他找来自己的表叔兼岳父董承密谋反曹。

但四下守卫都是曹操的人。

刘协怕事情败露，于是将提前准备好的诏书从衣袖里掏出交给董承。

该诏书中写的自然就是让董承替他除掉曹操的事儿。

董承当即承诺，一定会圆满完成任务。

这么大的事儿，他一个文臣可完成不了，必须找一个武将来与自己配合。

思来想去，他想到了刘备。

同样作为汉室刘姓，又同时是当年清剿黄巾军反政府武装的功臣，刘备自然是这个刺杀任务的最佳人选。

刘备一开始还有些犹豫，没有立刻答应董承。

毕竟在自己人生低谷时，是曹操给了他帮助，如今自己怎么能做出这种忘恩负义的事儿呢？

但随后发生的一件事，却改变了他的想法，从而使他最终选择了和董承站在一队。

有一日，天降大雨。

曹操与他在屋中吱溜一口酒，啪叽一口菜地谈天说地。

正聊到兴奋之处，曹操突然借着酒劲儿，笑眯眯地看着他说道："论当今天下英雄，唯有你我二人。"

刘备一听这话当即吓得不轻，以为是曹操看出了自己的野心，连忙发毒誓，向曹操表忠心说自己绝不会做背叛曹操的事儿。

可话虽这么说，事儿可不一定这么办。

从曹家一出来，刘备翻来覆去地琢磨，总觉得曹操不会相信自己，迟早会找借口干掉自己。

与其落到那样地步，自己还不如早做打算。

想到这里，他就立刻赶往董承家，加入了董承临时组建的"刺杀曹操"小组。

殊不知，刘备的这一系列操作早就在荀彧的掌控之中了。

他和曹操早就知道董承想拉拢刘备来刺杀曹操，所以才会与曹操设计来试探他，好以此来个顺藤摸瓜揪出背后的操控者。

然而就在这时候，自称为帝的袁术经过一段时间荒淫无道的折腾，终于把家底折腾光，公开宣布破产，抵押了所有房产灰溜溜地准备向北投靠自己的哥哥袁绍。

得知此消息的荀彧、曹操二人准备派刘备去拦截袁术，借此机会好腾出手来收拾董承。

不过令两人没有想到的是，这一次，老天爷又向他们开了个玩笑。

刘备确实带着兵马去堵截袁术了，可袁术最终并不是死在刘备的手上，而是走到半路被气吐血而死的。

临死前身上的衣服还被身旁随行的卫士们扒了个精光。

刘备一看："得，这样也好，我也省事儿了。"随即，鞭鞭打马，带领着大批人马向着自己之前的地盘徐州而去，并不费吹灰之力地夺回了徐州的控制权。

此事传到曹魏集团，气得荀彧、曹操连连跺脚。

荀彧用力地拍了拍自己的脑门儿，懊悔道："哎呀，是我失误了，没想到他会来这么一套。"

正当俩人苦恼之际，曹操安插在小皇帝身边的探子突然传来了一则消息。

原来密谋要杀曹操的幕后操控者居然是小皇帝刘协。

曹操知道真相后暴跳如雷，不知道画了多少个圈圈来诅咒。

荀彧极力劝说才阻止曹操犯下不可逆转的大错。

曹操心里也明白，再怎么着刘协目前也是皇帝，自己总不能弑君吧？

可不出这口气，他心里实在不舒服。于是，当夜带人闯进了皇宫将刘协的小老婆董贵人活活勒死，并杀光了刘协身边所有的"刺杀曹操"小组的成员。吓得刘协当场尿湿了裤裆。

紧接着，曹操亲自率兵冲到徐州去找刘备算账。

刘备一见曹操来了，甚觉羞愧，无言面对，于是带着兵马向北而去想投靠袁绍。

好兄弟关羽向来是出了名的义薄云天，为了能让大哥顺利脱险，主动留守下邳挡住曹操。

谁知刘备前脚刚走，关羽后脚就败在了曹操手下，从此留在了曹操身边为其打工卖命。

不过也正是因为关羽投降了曹操没有与其硬磕，才给后世的罗贯中先生创造了机会，在《三国演义》中为他设立了光辉伟岸的形象，从而成就了一代武圣的传奇美名。

而另一头的刘备，为了能让袁绍收留自己，将当初董承交给他的由刘协写的血书衣带诏作为自己加入袁氏集团的见面礼。

这下可算是给了袁绍一个名正言顺打曹操的理由。

这个看似简单的衣带诏可是袁绍自我标榜正义的唯一理由，

也是他与曹操两者开战后可以借机拿来组建"复仇者联盟"实行"清君侧"的最好法宝。

为了给自己树立新人设，袁绍还专门召开了记者会，当众宣布了一篇关于"讨伐曹操"的演讲稿，听得在场众人，人人声泪俱下，对奸臣曹操痛恨至极。

到此，袁绍与曹操友谊的小船儿彻底翻了，该来的总是要来，该打的总是要撸起袖子先扇他一耳刮子才解恨。

袁绍的十万精兵一直在边境地区不断搞事儿，企图引起曹军人马先出手。

但曹军一方始终保持着克制，没有与其发生实质性的冲突，显得非常理性。

这里要说一两句题外话，关于"官渡之战"，史学爱好者和相关史学专家们一直有一个争论。

那就是有关曹魏集团一方的军队究竟有多少人的问题。

早在平青州之乱时曹操就收获了三十多万的青州反政府武装部队，因此在后来的"官渡之战"中曹魏集团的兵力绝对已超过了《三国志》中所记载的两万人。

不过，迄今为止，史学界所认定的数据就是只有两万人，而另一方的袁绍兵马是十万之多。

憋了许久也不见曹操、荀彧那边有任何动静，这让本来就没什么耐心的袁绍有些坐不住了。

于是，秉着敲山震虎的态度，袁绍向南边的曹魏集团打响了第一枪。

袁绍首先瞄准黄河对岸的白马城。

他派出自己的得力大将颜良带军队围困白马城，而自己则率领其余大批人马在黄河对岸暂时按兵不动，等着曹军来解救白马，自己再来个"围点打援"，派兵从后方偷袭。

在袁绍看来，曹操的那点儿兵力还不够他塞牙缝儿的呢！而至于隐藏在他背后的荀彧，袁绍压根就没放在心上。自己身旁有沮授、许攸等一帮 IQ 个个超过五百的智囊团，难道还比不上他一个荀彧吗？而且，以荀彧的一贯作风，曹操只要一出征，他必定会留守在后方大本营为曹操操持着家里那点事儿，既然这样，自己就更不需要担心什么了。

一想到这些，袁绍就觉得自己已经取得了全盘的胜利，兴奋得恨不得马上开庆功宴。

不得不承认，袁绍的确想得很完美，每一步他都算到了，但有一点他没想到。

虽然这一点看似是毫不起眼，却恰恰是最重要的一点。

荀彧自己虽然留在了后方为曹操安心出征做好一切稳定工作，但他还有一个侄子名叫荀攸，现在也已是曹魏智囊团中坚力量之一，其聪明智谋丝毫不输自己的叔叔荀彧。

看到这里，你一定以为荀攸是个"青出于蓝而胜于蓝"的青年才俊。

但你若真这么想就错了，而且是大错特错。

因为，荀攸虽然是荀彧的侄子，但实际上却比荀彧大了整整五岁，他只是在辈分上比荀彧小而已。

多年来，他们叔侄俩一个主内，一个主外，俨然已成为了曹操身边不可缺少的左右手。

而这次曹操出征也不例外，曹操特意带上了荀攸在身边随行。

没想到，荀攸这次表现远超预期。那边才刚得到袁军大将颜良围困白马城的消息，这边荀攸就立刻察觉到这其中必定有诈。

他向曹操建议，将现有的部队分成两部分，一部分按原计划继续赶去解救白马城，而另一部分则悄悄渡过黄河北上偷袭袁绍集团离黄河最近的县城获嘉。

曹操一听荀攸分析得很有道理，于是立刻采纳了建议，将麾下部队分出一部分渡黄河北上去骚扰获嘉。

没想到此计一出袁绍那边果然炸开了锅，立刻将黄河北边原先准备用于南渡突袭曹军的人马分出一大部分去解救自己治下的获嘉。

而曹操这边则继续按照原计划带兵赶到白马城下。

这一下可好，原本设想与北边的援军一起围堵曹军的颜良现在却被曹军围了个水泄不通。

此时已在曹操阵营中的关羽二话不说，挥舞着手中大刀就冲进了袁军阵营之中，来到了颜良面前，趁其还没反应过来之机，便闪电般一刀挥出，当众砍掉了颜良的头颅。

这一幕就如同晴天霹雳，重重地给每个袁军脑瓜儿顶上都来了一下。

顿时，整个军队如同黄河决堤一般溃不成军，丢盔弃甲，一哄而散。

关公凭借这一战一夜红遍了大江南北，从此粉丝们将"武圣关公""武财神"等名号，"唰唰唰"地都加在了他的脑瓜儿顶上。

等黄河对岸的袁绍反应过来自己上了发小的当时，曹军早已带着白马城的百姓和所有值钱的财物一起退去了。

在这场战役中荀攸的表现令曹操十分满意和惊喜，立刻执笔将这喜讯通过书信告诉了远在大本营的荀彧。

荀彧接到书信后自然也很高兴。

自己的侄子有了如此出色的表现，就如同他自己有了这般表现一样，那种心情很难用言语来表达。

但另一边的袁绍这下可彻底被激怒了。

自己这般人物居然被一个宦官养子的后人给当猴耍儿了，这怎么能行，简直太丢他老袁家的脸了。

于是，为了挽回颜面，他立刻派出自己的另一名得力干将文丑和新加入集团不久的刘备并命二人率领万余人马直追曹军。

曹操和袁绍毕竟是儿时的好哥们儿，对于袁绍会做出什么事儿简直是太清楚了。

他早就想到依袁绍的性格不会这样甘心吃哑巴亏，必定会来找自己报复，寻求心理平衡，所以一早就做好了安排，只要见到袁绍兵马追来，立刻丢下所有的财物，躲进周边的崇山峻岭之间，趁其不备，给对方来个突然"惊喜"。

果不其然，当刘备和文丑带着大批袁军人马一路追来时，曹军一方立刻按计划行事，丢下所有的马匹、财物，躲进了山林里。而袁军人马一见被丢弃的马匹、财物，误认为是曹军慌乱中丢弃的，立刻一拥而上，互相争夺起来。

刘备见状感觉有些不对，但一时半会儿也想不出个所以然来。

正当一群人为了抢夺财物而争得面红耳赤之时，四下忽然涌出的曹兵将其死死困在当中，脱身不得。

一阵刀光剑影之后，刘备再一次顺利逃脱，毫发无伤，而袁绍的干将文丑却惨死在了曹军的乱刀之下。

就这样，袁绍集团与曹魏集团的第一回合以曹操的胜利而落幕。

袁绍虽一出手便损失了两员大将，但并没有因此而影响到整体实力。

但随之而来的第二回合，曹操就渐渐显出了自己的弱势，被袁绍一把揪住领子拖在地上围着操场跑了一大圈，磕得满身淤青。

在解围白马城之后不久，曹操便在临近巢水官渡周边筑起了一道难以越过的隔离墙，将袁军人马隔离在了北边，而自己的人马则在隔离墙的南端与其对峙。

袁绍一看这阵势，当下便放声大笑，连眼泪都笑出来了，心想："曹阿瞒啊曹阿瞒，你以为这样就能阻挡住我袁绍的步伐了吗？"

于是，袁绍命手下能工巧匠，连续熬了几个大夜，设计出来一座高塔形狙击塔，又让工程兵马不停蹄地照着图纸建了上百座高塔狙击塔，并命装备精良、百步穿杨的弓箭手，十二个时辰连轴转四班倒地向隔离墙南边的曹军实行飞箭如雨般的疯狂射杀。

这一下可苦了曹操一方，自己打对方是一个也打不着，对方打自己是一打一个准儿，气得曹操是食不知味，夜不能寐，连续好几天，憋得脸上火疖子是一个接着一个地往外冒。

可这还不算完，袁绍哪能这么轻易地放过曹孟德，一连杀了人家两员大将，就这么结束了，那不是太对不起他袁家祖宗了？

与此同时，袁绍又启用了当初对付公孙瓒的"地道战"这一损招，命工程兵们趁夜深人静之时，向着隔离墙对面的曹营方向开始挖地道。

幸好，曹操这边的间谍网络还是比较发达的，这个消息很快就被曹操得知了。

为了彻底抵制袁绍使出的阴招，他与以荀彧的侄子荀攸为代表的一群智囊团绞尽脑汁，连续三天三夜不眠不休，终于想出了一整套前无古人，后无来者的破解方法。

首先，曹操一方将现有的工程兵也分成了两拨，一拨工程兵连夜挖大壕沟以此阻断袁绍的"地道战"计划，另一部分工程兵则争分夺秒抓紧时间赶造一批当时中国最凶猛的战争武器"投石器"。

相信对古代历史及古代战争熟悉的小伙伴儿们对这投石器一定不陌生。

据说这投石器自春秋战国时代被我们中国人的老祖先使用过后，一度风靡了全球，在世界战争史中使用超过上千年，直到宋朝时期发明了火药后，它的"战争终结者"的霸主称号才被火炮所取代。

相信说到这里不用再往下多介绍，您也已经能脑补出它的恐怖之处了吧！

而当时，整体实力不如袁绍的曹操，正是通过制造这种恐怖的"战争终结者"武器及不断地挖壕沟才勉强与袁绍一方维持着平手局面。

随着时间的推移，这场两军对峙的局面竟然从炎热的七月份拉长到了寒风凛冽的十月份。

八、官渡一战

眼看着建安五年（200）的第一场雪即将来临，曹军一方内部逐渐出现了更为严重问题——粮草供应不足。

这一下可把曹操给急坏了，一连不眠不休愁了好几天。

而随着主帅曹操的一蹶不振，很快全军上下的气氛都消沉了。

眼看再这样下去自己不仅要全军覆没，还要被袁绍抓去抽筋剥皮当标本，在打与退之间难以选择的曹孟德终于拿出了纸和笔，给远在首都家里操持家务，看小皇帝刘协的荀彧写了一封信。

在信中曹操向荀彧是倒了一桶接一桶的苦水，恨不得写上一篇小论文才舒心。

"文若啊，这一仗我是没法儿继续往下打了，现在全军上下缺米少粮，天天只有啃咸菜喝稀粥，饿得战士们全身上下都成绿色的了，就连我这个主帅都已经好几周没见到肉丝儿了。文若啊！你说我该咋办呀！袁绍那个丧良心的天天在隔离墙北边吃香喝辣，隔三差五还来一顿小火锅，吱溜一口酒，吧唧一口菜，一边吃还一边吧唧两片大嘴片子来勾引人儿，把我这帮兄弟们给馋的啊，哈喇子都流了三尺长！"

此时，作为本书的男主角，曹魏集团最高董事会成员兼代理董事长的荀彧在首都这边也没闲着，整天不是坐在办公室里给秘书送来的文件上签字，就是开集团大会给各部门的经理布置新的任务和指标，抽空还要去小皇帝刘协那里陪他聊聊天，交流交流心得，借机来分析一下小皇帝刘协目前的心理。

总之一句话，在这段曹操不在集团的日子里，荀彧是又当爹又当妈，忙里又忙外都快累脱相了。

然而，就在临近周末的这天，离下班眼看还剩一小时的时候，一个通信兵却急匆匆冲进了他的办公室，喘着粗气，半天说不出一个字。

荀彧一看通信兵这脸色，心知大事不妙，连忙说道："怎么了，急成这样？"

只见这年轻的通信兵将一封信递到他面前，喘着气，断断续续地道："前线主公寄来的亲笔信，命小人亲自交到您手上。"

荀彧接过信，先将面前的通信兵打发走，之后带着犹豫的心，小心翼翼地拆开了信封，打开里面的信仔细一看，心底顿时生出一股寒意。

这封信当然就是之前曹操写给荀彧的那封信，而信中所写的内容着实也是令荀彧十分头疼。

看完信后，一向聪明绝顶、智慧过人的荀彧陷入了深深的沉思中，直到鸡鸣五更之时，经过一番斟酌之后才下定决心，提笔给曹操写了回信。

"在这两军交战之际，主公您能将'打与不打'这样一个决定全军士兵命运，乃至决定今后我军与袁绍集团命运的重大问题来问我的意见，足见您对彧的信任。那么，关于'打'还是'不打'这个问题，我个人经过一番衡量后，做出了如下分析：一，目前两军对峙于官渡，必定要决一胜负才能了结，而现在以我们的兵力完全不能与袁绍抗衡，如果您不能出奇制胜，必定很快就会被袁绍所制，这是自古以来两军战争的法则。然而，正如我之前一再提到过的那样，袁绍麾下兵马虽多，但真正与他能够同心协力的却很少，这一点您在之前解围白马城时就已验证过了。因此我想，依您一向出其不意、攻其不备、用兵如神的做法，只要坚守阵地，坚持到底必定能找到战胜袁绍的办法；二，如今我军虽然粮草短缺，出现了供应不足的问题，但比起昔年楚汉相争时的荥阳、成皋还是要好上几百倍的。我军目前虽不能大破袁军，但好在袁军也暂时捞不到什么便宜。依目前的形势来看，我认为，袁军过不了多久必定会出乱子，到那时便是主公您运用计谋的好时刻，因此如果您能够再坚持一段时间，必定会有所转机，以上两点是我个人的观点，具体决策还请主公您酌情抉择。"

不得不说，荀彧的智慧已经超越了凡人，总能在关键时刻，像一盏明灯一样为曹操照亮前方原本漆黑的路。

这就是为什么说荀彧绝不是给曹操打工的谋士，而是曹操的合伙人，是他背后的男人。

"谋士"这个职业其实就如同我们今天社会中的律师一样。

律师在接到当事人的委托后为当事人打官司，解决问题，但至于当事人本身是好是坏，官司是对是错，就完全不在他们的考虑范围之内了。

而谋士也是如此。

一个合格的谋士通常都只会为自己的主公出言献策，解决主公想要解决的问题，而不会去思考问题本身的对与错。

而荀彧显然不是这样的。

他的所作所为明显已经超越了一般谋士的定义范畴。

他看待问题时，往往会先判定事情本身的对错，以及该不该做等问题，之后再分析该如何做才能完成并且做得最好。

曹操如果没有荀彧的协助，估计很难成为我们现今所认识的枭雄曹操。

在这场官渡之战打响之前，荀彧就已经对当时整个天下的局势包括袁绍集团的能力做了全盘分析，并开始为曹操能胜过袁绍而布局。

而眼下，曹操在前线所遭遇的困境自然也是他能够预见的。

因此，在给曹操的回信中，他再一次为曹操分析了一番曹军与袁军各自的优劣，希望借此能够坚定曹操的信心。

他相信曹操在看了这封信之后必定能做出正确的选择，毕竟两人相识相交多年，早已磨合出了非常好的默契。

一切仿佛是上天安排好的一样，胜利的天平最终倒向了荀彧和曹操两人。

就在荀彧给曹操回信之后不久，前线很快便传回了曹军大胜袁军凯旋的好消息。

这当然出乎荀彧意料。

他虽然坚信曹操最终能够胜利，却想不到会有这么快。

当看见胜利而归的曹孟德站在自己面前，除了抑制不住的高兴之外，还是忍不住将心里的疑问说了出来。

究竟后面发生了什么事儿使得曹操赢得最终的胜利。

曹操看着面前一脸疑问的荀彧，心里不禁觉得有些好笑："当然是文若你的那份回信有魔力，助我赢得了最后的胜利。"

可荀彧哪会相信这种话。

于是，在荀彧不断地追问下，曹操终于说出了整件事儿的前因后果。

原来，在接到荀彧的回信之后，曹操虽坚定了与袁绍决战的信心，但一时半会儿还是没有找到解脱困境的法子，直到某一天，一个意想不到的人的忽然现身，才改变了这场战争的结局。

这个意想不到忽然出现的人就是曹操与袁绍两人共同的好友许攸。

众所周知，许攸和曹操、袁绍都是儿时的好伙伴儿，长大后许攸一直跟着袁绍混，在袁绍那里做谋士，而现在却突然弃暗投明，跑来投靠曹操，这一点不得不令人起疑。

经过一番询问后曹操得知，原来许攸投靠他是出于两个原因。一，许攸的家人私下里收受贿赂犯了法被抓了起来；二，许攸自己在袁绍那里实在不受任何重视，向袁绍献的计策不仅被袁绍忽视，还遭到了袁绍的一顿数落。

正是基于以上两点，许攸一怒之下决定弃袁投曹。

毕竟曹操是他发小，就算看在昔年的情分上也该会给他一个不错的职位。

不仅如此，许攸为了能得到昔日小伙伴儿曹操的信任，还特意向曹操透露了一个袁绍军队天大的秘密。

而曹操正是凭借着许攸带来的这个天大的秘密，最终才战胜了原本实力强大的袁绍，取得了官渡之战最后的胜利。

许攸告诉曹操，袁绍军队将所有的粮草都囤积在了离军营最近的乌巢（今河南省延津县一带），只要曹操能带兵截断乌巢的粮草，袁军就必败无疑。

当时，曹军上下大小将领在得知了这一消息后，纷纷表示不相信，极力劝阻曹操行动。

但曹操经过再三思量后，最终还是选择了相信昔日的小伙伴许攸的话。

当晚他便亲自点齐手下五千骑兵闪电似的偷袭了乌巢，并将袁绍囤在乌巢的所有军粮一把火全烧了，大火一连烧了三天三夜才熄灭。

正是因为乌巢囤积的粮草一夜间化为乌有，从而导致袁绍整个部队军心不安，外加几名意志不坚定的将领临阵倒戈——也跟许攸一样投降了曹操，最终导致袁绍在这场改变三国历史的重要战役中败给了曹操，他只能带着残兵败将灰头土脸地连夜逃回河北大本营。

而那些从袁绍集团跳槽过来投降曹操的袁军，最后也被曹操以粮草短缺为借口全部杀了，一个也没留下。

听到这里，荀彧总算明白了整个事情的前因后果，不禁感叹道："真是无巧不成书啊！想不到一个许攸竟然起到了扭转整个战局的决定性作用。"

曹操笑道："谁说不是呢？这是老天助我一臂之力，我不成功都不行，哈哈哈！"

看着面前曹操笑得如此安然自若，荀彧的心里却生出了一种莫名担忧。

他感觉面前的曹操已经逐渐开始变化，已经不再是他二十九岁初见时候的那个曹操了，更像是一头逐渐成长的巨兽。

当然，不管曹操变成什么样，只要他还是汉室之臣，愿保汉室江山并始终和自己一条心，荀彧就觉得其他方面都可以忽略不计。

然而，事实真的会如他所料吗？

他不知道。

现在的他还没有预测未来的能力，但他希望一切都能如他所愿，向好的方向发展。

九、袁绍集团的陨落

就在官渡之战结束后差不多半年左右光景，时间来到了建安六年（201）的三月份。

此时，北边的袁绍在经历了上一场失败的战役后，就像是一片发黄的树叶一般即将脱落，一蹶不振，再也没有南下侵扰曹操的念头。

而反观曹操这边则是一片欣欣向荣的景象，不仅全军战士们的斗志比以往更加昂扬了，就连普通百姓的脸上都洋溢着幸福的笑容，生活质量明显提高了不少，幸福指数直线飙升，达到了史上最高点。

然而，作为曹魏集团的 CEO 曹操和好搭档荀彧却绝不会如此轻易满足。

袁绍虽然在官渡之战吃了亏，但整体实力并没有因此而有所耗损，北方依旧是他牢不可破的根据地。

而南方以刘表为代表的各个军阀势力也依旧处于各自为政互相看不顺眼的分裂局面。

因此，曹魏集团身处于这种四面楚歌、骑虎难下的环境中还是很不安全，必须随时都处于一种备战的状态来预防未知的威胁。

为了早日摆脱这种困境，荀彧甚至从官渡之战还没有结束的时候就已经开始为接下来的战略做好了进一步的规划。

南方混乱的局面暂时无法改变，如果现在贸然出兵去一个个摆平，说不定会使本来相互牵制的势力联合起来成纵横局势来反扑。

而北方此时只有一个意志消沉、毫无心思二度迎战的袁绍，如果趁这个时候能将其一口吞了，那么整个北方除了随水草而居的游牧民族将再无强大的隐患。

所以，眼下只有一鼓作气，直捣黄龙，将北方的袁绍直接拿下，坐稳北方，虎视南方。

然而此刻，曹操的想法却显然与他正好相反。

曹操是想趁这个机会，带兵先去将南边的刘表干掉再说。

他早就看刘表不顺眼了，之前一直没找到合适的机会，现在总算腾出手了，可却偏偏让荀彧拦住了。

于是，荀彧便将自己的想法全盘托出："现在出兵动刘表不是最佳的时机，刘表必定会联手其他几家军阀一同来抵抗，而北方的袁绍也会趁机来个偷袭，到时候我们就是腹背受敌了。但如果我们先集中火力将刚吃了败仗的袁绍彻底清除，将北边的地盘全占了，后方就再无隐患，到时候再来收拾南方的军阀岂不易如反掌？”

曹操是什么样人物？是一代枭雄。那脑瓜子可比一般人聪明多了，瞬间就反应过来该怎么做了，于是次月便点齐兵马北渡黄河，向着袁绍集团发起了猛烈进攻。

已成惊弓之鸟的袁军被曹军打得落花流水，哭爹喊娘，连连败退，直到最后被曹军全部歼灭。

该年的九月份曹军高举着胜利旗子凯旋。

赢得胜利的曹操美得鼻涕泡都冒出来了。

他激动地将荀彧像小媳妇儿一般地抱起，原地转了三圈儿才放下，一个劲儿地反复说道：“文若啊，文若，你咋就那么聪明呢？所有的事情都被你预测到了。说吧，这回想要什么，我通通奖赏给你！”

然而，荀彧表现得却十分淡定。

只听他淡淡说道：“现在袁绍虽败，失去了地盘，但仍然有死灰复燃的可能，而且他还有两个儿子袁谭与袁尚，都是能独当一面的狠角色，主公千万不可大意啊！”

曹操一听此话，立刻收起了脸上的笑容，变得十分严肃。

他反问荀彧道：“那我们接下来该做些什么呢？”

荀彧道：“先静观其变一段时间，看看袁绍那里有什么举动，正好趁这段时间也让全军战士们休整休整，养精蓄锐。”

曹操道："好，那就这么办。"

荀彧没有想到，在自己与曹操结束这段对话后不久，北方局势发生了一系列戏剧般变化。

首先是建安七年（202）的五月份。

连续兵败于曹操的袁绍，因为自己接连失败而郁郁不乐，整日茶不思饭不想，最终竟因肝郁气滞而吐血身亡。

更为悲惨的是，他的两个不孝的儿子真是过分到了极点，自己老爹前脚刚走，后脚这哥俩儿便话不多言，为了分家产的问题没有谈拢而大打出手，厮打到了一块儿，最终打得是鼻青脸肿，头破血流。

荀彧一看这阵势，心里知道这是老天爷赐予的机会，于是赶紧催促曹操带上兵马前去来个"趁火打劫"，一口气给这两个小子全收拾了。

曹操也不含糊，立刻带兵北上，趁着袁家兄弟俩打得难解难分之时突然杀出，将袁谭、袁尚二人杀得都来不及反应就糊里糊涂地死了。

至此，曹魏集团吞并了袁绍集团的地盘，统一了整个北方。

而河北的百姓们在得知袁绍一家子全被曹军给杀害之后，便集体抱头痛哭，连续悲号了三天三夜。

袁绍虽然生性敏感多疑，但活着的时候对自己治理下的百姓还是不错的。

河北一带的百姓在他的带领下脱离了贫困，过上了丰衣足食、有酒有肉的小康生活。

而如今，在失去了袁绍后，河北一带百姓的日子又该何去何从呢？

十、一颗熟透了的苹果

建安八年（203）除去袁绍集团统一北方的曹操可以说已经是整个乱世中最大的赢家。

当然，他不会忘记，自己能有如今的高度，和好搭档荀彧一直以来的帮助脱不了干系。

他自认为自己绝不是忘恩负义之辈。

为了感谢荀彧，也为了今后两人能继续保持友谊，精诚合作，开创前所未有的更加宏伟的事业，他特意上表小皇帝刘协，要求给荀彧加待遇，封荀彧为"万户亭侯"。

此时的小皇帝刘协表面上还是个皇帝，实际早已经是曹操手里的一个提线木偶了，曹操要封谁的官儿，刘协哪里敢有不同的意见，当下便下发了圣旨，提升荀彧为万户亭侯。

正在担任"尚书令"的荀彧在收到上面下发红头文件和委任

书时便知道这必定是曹操的主意。

此刻，在他心里依旧惦记着河北的安定问题，因为只有河北的百姓都心悦诚服地在曹魏的治理下生活，整个北方才能真正安定下来，至于朝廷封下来的什么"万户亭侯"的头衔儿，他根本没兴趣。

于是他赶去曹操府上，对曹操说道："这么多年来，我一直守在大后方，从来没有上过战场，也没有任何军功，你突然封我个'万户亭侯'，让我实在有些愧不敢当啊！"

曹操听罢，拍了拍他的肩头，笑道："文若，你就别谦虚了。咱俩这么多年的交情，我心里都清楚，如果没有你一直在背后给我出谋划策，我曹孟德哪里会有今日的成就？我该赏你的都赏过了，实在没有好东西给你了，就只能再给你升升官儿了，你就别推辞了。"

荀彧一看，这官儿是想推也推不掉了，万般无奈，也只好接受了。

他叹了口气，道："好吧，既然主公您决意如此，那我也就不再推让了。"

曹操道："这就对了。"

荀彧忽然话锋一转，道："如今我们既然已经将河北平定了，接下来应该着手修复旧京洛阳，这样一来，不仅河北地区，整个天下的百姓都可以自安，南方一带也不用我们去争夺，民心自然就会归顺，到时……"

他的话还未说完就已经被曹操打断。

只听曹操说道："好的，我知道了，关于这件事儿我会酌情处理的，文若，你先回去吧，我有点累了。"

这虽是一句很平淡无奇的话，但其中却也充满了敷衍的味道。

任何一个智商在线的人都能听得出来，荀彧自然更不例外。

他没有再说什么，向曹操行礼告别后便转身离去。

曹操之所以会说这样敷衍的话，很显然是并不认同荀彧的想法，而且早就做好了另一番打算，但他的打算究竟是什么，此刻的荀彧并不知晓。

不管怎样，曹操能当面用这种话来搪塞他，就说明两人的关系已经在不知不觉中有了变化，已经不再像过去那样亲密无间，无话不说了。

事实上，早在这之前，荀彧的侄子荀攸就已经成为曹魏智囊团主要成员之一，而荀彧的哥哥荀衍则在集团内部担任监军校尉驻守在邺城，就连曹操女儿（后称安阳公主）都嫁给了荀彧的长子荀恽做老婆。

可以说，荀家一家子上上下下都早已是整个曹魏集团不可分割的一部分了。

基于以上种种，曹操与荀彧之间的关系都应该比之前更加要好才对。

所以荀彧百思不得其解曹操为什么突然对自己是这种态度。

其实曹操并不是不理解他的意思。

以曹操的理解能力当然知道这其中的利与弊。

曹操之所以会这样，是因为目前的曹操已经有了更为大胆的想法。

他已经不再满足于只做一个汉室的臣子了。

他现在想要的是权倾天下。

不得不说，权力这东西有时就像毒品一样，人只要一粘上它就会上瘾。

曹操就是如此。

在他还是一个一穷二白，要钱没钱，要资源没资源，整天只能跟着袁绍屁股后面混日子的小弟时，他最大的愿望就是能够成为汉室江山的守护者，做个民族英雄。

这个时候，人们把他这种愿望称为"雄心"。

可当他一步步踏上高峰，甚至都可以轻而易举地将皇帝的老婆说杀就杀掉时，他的心里就有了某种奇妙的变化。

这种奇妙的变化，人们称之为"野心"。

"雄心"与"野心"最大的区别就在于，前者叫人放心，而后者则叫人恐惧。

如果，现在的曹操依旧像以前一样按照荀彧说的去做，那么就意味着他要花大量的精力和大量的时间成本去搞好民生建设，提高生产力，多推行一些好的社会福利，民众的生活水平才能勉强达到小康社会，才能达到荀彧所说的"万民归心"的局面。

可那样做实在太累了。

他曹操没有那么好的耐心，也没有那么多的时间来做。

因为，隐藏在他心里的欲望已经按捺不住。

他必须要在有生之年达到自己的最终目标。

这才是他眼下要做的事——而且必须得做。

只可惜，他一直以来隐藏得实在太好，连荀彧这种高智商的天才都被他骗了。

当然，也许不是荀彧不知道，只是一直以来不愿意去相信罢了。

他不愿意相信曹操是个外表忠良内面藏了一肚子坏水儿的小人。

这么多年来，他们一起携手并进，一起创业，开创了辉煌的事业已快二十年了。

为了完成心中那个伟大而光荣的梦想，他一直站在曹操身后，像个影子一般做曹操背后的那个男人，借着成就曹操完成自己的梦想。

他坚信自己是这世上最了解曹操的那个人。

他也同样相信，曹操时至今日依然和他一样，是个一心要匡复汉室江山的忠臣。

这一点绝不会变。

只可惜，荀彧忽略了一件事儿，一个道理。

一个苹果成熟的时候，也就意味着它即将坏了。

曹操就是这颗熟透了逐渐腐烂的坏苹果。

而荀彧却是那个没有看见苹果即将腐烂的一面，依旧奢望将其摘下，放进篮子的果农。

第
四
章

慧眼识珠，推荐贤才

上一章我们说到荀彧作为曹魏集团的二把手，曹操背后的男人，在关键时刻及时出言献策，接连在关键的"奉迎天子"以及重要的"官渡之战"中为曹操规划了正确的政治道路和战略部署，将曹魏集团推向了新的高度，成为曹操统一北方的奠基人。

但在曹魏集团势力逐渐壮大变强的同时，曹操个人的野心也日渐膨胀。

其实，在曹魏集团勤勤恳恳工作的二十一年里，荀彧除了担任项目经理、HR 等重要职位外，还担任着一个非常重要的职位——"猎头"。

没错，就是猎头。

二十一年里荀彧不但为曹魏集团招聘了很多人才，同时也从其他军阀集团里挖走了不少人才，先后分别有钟繇、荀攸、陈群、杜袭、戏志才、郭嘉等当时数一数二的顶级人才。

一、打造具有竞争优势的队伍

荀彧加入曹魏集团后遇到的第一个问题就是整顿体制内的人员素质和纪律问题。

要知道，曹操起家时，是靠着一帮撒尿和泥的堂兄、堂弟、发小、哥们儿扛起的大旗，而这帮人从小在一起"大哥小弟"地称呼习惯了，以至于后来在集团内部对曹操的称呼也是一点儿没变，经常"孟德、阿瞒"地大呼小叫，毫无上下级之分。

不仅如此，对于上班下班这件最基本的制度这帮人也是不能很好地遵守，经常迟到早退，无缘无故地旷工几天也不请假，毫无纪律可言。

这样一群不守规矩的人，长此以往，对集团发展造成了严重影响。

为了打造一支具有竞争优势的队伍，不被其他军阀集团吞并，从正式加入曹魏集团的那一天起，荀彧就开始陆续向曹操推荐当时首屈一指、有素质、有纪律性的高智慧人才，使得曹魏集团的人员素质和纪律从最早的自由散漫逐渐转变为具有高素质、纪律严明、集体意识强的乱世军阀集团。

说到这里，那么问题就出现了，为什么曹操身边有那么多谋士，偏偏只有荀彧一个人不断地向集团内部招聘、挖掘人才，难道其他的谋士就没有往集团里推荐过人才吗？

还有，他又是从哪儿认识那么多人才的呢？

要回答这两个问题，首先我们先得弄清楚一件事儿，那就是荀彧的身份。

要知道，荀彧除了是曹魏集团的二把手，枭雄曹操背后的男人外，其身后还有庞大的颍川荀氏一族。

自汉代开始，我国实行的是察举制度，而当时的颍川地区可以算是当时整个中国经济、文化最发达的地方，政通人和，私学兴盛，很多有知识、有才华的名士都愿意到颍川去授课讲学，由此便吸引了大批学子来此求学，久而久之颍川一带便成了人才辈出之地。

而荀氏一族在颍川当地那可是放个屁都能砸出一个坑儿的存在，所以当时的名流才子都巴不得与其能够亲近。

换言之，如果被有名望的家族或人员推荐，你的政治起步阶段的基础打得就会结实，起步也会比一般人高很多。

而作为荀氏一族出类拔萃的代表人物，荀彧年少时便已出名，加之又是出生于名门望族，在当地有着非常高的知名度，因此他所结交的必定也都非等闲之辈。正所谓"物以类聚，人以群分"，因此，像郭嘉、戏志才、钟繇等这些同样是颍川一带青年中的佼佼者自然都是他同一个圈儿的好友。

在当时，荀氏一族是整个天下氏族的代表，同时也是朝廷政治风向走势，很多时候可以轻易左右天下人的思想。

据《史记》记载，荀氏一族在西汉时期便有着很大的影响，荀家历代为朝廷重臣，并且有很多位都在朝中任高级文官，在第一章里我们就曾提到过，荀彧的父亲荀绲曾任济南相，而叔父荀爽任司空。

除了政治，荀氏一族还与皇室联姻，一直到后来司马家的东晋都是如此。

对于荀氏一族，即便后来荀彧去世之后，曹家也不曾轻视过，后来的曹丕还将荀家的荀爽等二十四人旌表列为二十四贤，可见其家族对朝廷的影响有多大。

因此，对于有着这样显赫身份的荀彧来说，能入股曹魏集团，等于就是给曹魏集团披上了一件光鲜的外衣，天下四方的有识之士自然愿意争相来应聘。

而同时，以集团二当家兼猎头身份及颍川氏族大家的荀彧来挖掘人才，又有谁会拒绝邀请？

曹操对于自己的这位好搭档"贤内助"也是十分信任的，对于他推荐介绍来的人，曹操自然也是委以重任。

其次，荀彧在曹魏集团担任的是侍中、尚书令，在位二十一年里一直恪守着"居中持重"，为曹操操持着"家务"，很少随军出征。因此才肩负着如 HR、猎头等重要工作。此外，像荀彧的侄子荀攸、郭嘉等都是战术人才，常年陪着曹操出征，在前线为其出谋划策，而荀彧本人则属于战略人才，常年坐镇大本营主持内务。

当然，荀攸、郭嘉、贾诩等这些曹操身边智囊团的主要成员肯定也是有向集团内部推荐、挖过人才的，只是在史书中没有记载过，所以我们看到的只有荀彧一人前前后后不断往集团挖掘和推举人才。

此外，我们若仔细看就会发现，荀彧作为集团猎头，为集团挖来的这些人，绝大部分都是他的颍川老乡或是亲属。

钟繇是颍川郡长社县人，陈群是颍川郡许昌县人，戏志才是颍川阳翟人，杜袭是颍川郡定陵县人，而荀彧的侄子荀攸就更不用说了，颍川颍阴人。

可以说，辅佐曹魏集团也是在为自己家族做着长远打算，基本上从中后期开始，曹魏的所有决策都脱离不了颍川士族影响。曹魏集团里的重要职位基本都是由荀彧推荐、挖掘来的颍川士族、名流所垄断，而颍川士族兴旺也正是因为荀彧而被推向了最高点。

很明显，荀彧才是整个荀氏一族乃至整个颍川士族的首脑，曹魏有了荀彧的合伙，就相当于有了其背后的荀氏一族以及整个颍川士族的加入。

而且，在经历奉迎天子之后，曹魏集团的发展关系到整个汉室江山的命运走向，作为忠于汉王朝的臣子，荀彧为曹魏集团选拔、挖掘人才，自然也就是为汉室在选拔挖掘人才。

当然，除了介绍同乡、好友到自己的集团工作外，荀彧也挖掘过一批像杜畿、司马懿、严象、韦康等虽不是颍川人士，但同样是很有才干，在当时社会属于翘楚的稀有人才。

可以说，正是由于这些人员的加入，奠定了曹魏集团的成功，使得曹魏权力渗透彻底，最终完成了对北方地区的完全控制。

按照顺序荀彧挖进集团的第一个人应该是戏志才。

对于戏志才这个人物，史书中记载得很少，以至于我们无法准确地判断他加入曹魏集团的年份，而进入集团后又做过哪些事情，我们就更不清楚了。

但能被荀彧看中并推荐给曹操，那一定不会是等闲之辈了。

按照三国时代士族与士族交往，贵族与贵族交往的习惯来判断，戏志才应该也算是士族子弟，因为在那个年代，一般有身份的贵族阶级是不屑与平民来往的。

因此，史书上即便没有写，我们也不难判断，荀彧与戏志才两人必定是相交多年的挚友。

有关戏志才的记载在陈寿先生所著的《三国志》中是这样写的：

"彧言策谋士，进戏志才。志才卒，又进郭嘉。"《三国志·魏书·荀彧传》

而在写到郭嘉时，才又对戏志才多费了一些笔墨。

"先是时，颍川戏志才，筹画士也，太祖甚器之。早卒。"太祖与荀彧书曰："自志才亡后，莫可与计事者。汝颍固多奇士，谁可以继之？"或荐嘉。召见，论天下事。太祖曰："使孤成大业者，必此人也。"嘉出，亦喜曰："真吾主也。"（出自《三国志·魏书·郭嘉传》）

"操每征伐在外，其军国之事，皆与彧筹焉，彧又进操计谋之士从子攸，及钟繇、郭嘉、陈群、杜袭、司马懿、戏志才等，皆称其举。"（出自《后汉书·列传·郑孔荀列传》）

"戏志才、郭嘉等有负俗之讥，杜畿简傲少文，皆以智策举之，终各显名。"（出自《荀彧别传》）

从以上这些记载中我们可以看出，戏志才是个善于谋略的人，应该也是很受曹操重用的，只可惜他命薄，英年早逝。

二、组建集团核心智囊团

戏志才去世之后，荀彧立刻又将昔年一起共事过的好友郭嘉挖进集团，推荐给了曹操。

建安元年（196）戏志才突然离世，这不仅对曹操，甚至对于整个曹魏集团来说都是一个重大的打击。他生前有很多工作还没有完成，现在突然撒手人寰，这一时半会儿很难找到合适的人选来顶替他。

伤心之余，曹操写信找荀彧商议，有没有合适的人选能顶替戏志才的空缺。

估计荀彧也是心里早有了想法，刚收到曹操的信便提笔写了回信，立刻将自己曾经的同事兼好友郭嘉推荐给了曹操，并在信中大夸特夸了郭嘉一番，说他是不出世的奇才，不出门便能知晓天下大事儿，等等。

为了能让曹操放心自己推选的人，于是，荀彧还在信中简明扼要地将郭嘉的经历说了一遍。

郭嘉二十一岁时加入袁绍集团，成为袁绍身边的谋士之一。

但随着与袁绍接触久了，慢慢他也发现了袁绍身上的一些致命缺点。

于是，他就对同是袁绍谋士的辛评和郭图两人私下说道："袁绍此人平时对人虽礼贤下士，彬彬有礼，但都是做表面功夫，实际上他一点也不懂得'用人不疑，疑人不用'这八个字的道理，做事总是瞻前顾后，却抓不住问题的关键，想得很多，但大多都无法实现，这样的人和他一起共事实在是很头疼。"

不久后，郭嘉便毅然决然地离开袁绍，回到了自己的老家，从此过上赋闲在家专心研究学问的日子，为的就是有朝一日能像昔年的姜太公一样等到英明的雄主。

看到荀彧在信中如此夸奖郭嘉，曹操眼中渐渐有了光芒。

于是，在荀彧的安排下曹操与郭嘉的第一次见面非常愉快。

两人促膝长谈，从午后直至二日天明，事后曹操满意地说道："能助我成就大业者非此人莫属，哈哈哈！"

而与此同时，郭嘉也对荀彧说道："像曹孟德这样有雄心、有抱负，也有能力的主公，才是真正值得我郭嘉辅佐的！"

从此，郭嘉便顺利地加入了曹魏集团，成为了曹操身边的军事参谋（军师祭酒，后又晋升洧阳亭侯，跟随曹操出征，为其出谋划策，征战四方）。

但令谁都没想到的是，郭嘉与戏志才一样，活得都不长。

建安十二年（207）郭嘉在跟随曹操北上征讨乌桓时因昼夜劳顿，水土不服而感染重病，最终死在了返回的路途中，年仅三十八岁。

众所周知，在曹操众多谋士中和他私下关系最好的就是郭嘉，二人不但行同车，坐同席，甚至在出征打仗时还睡在同一军帐里。

所以，郭嘉的突然离世对于曹操来说就如同失去了一个儿子一般心疼。

在写给郭嘉的悼词中，曹操这样说道："使孤成大业者，必此人也。郭奉孝年不满四十，相与周旋十一年，阻险艰难，皆共罹之。又以其通达，见世事无所疑滞，欲以后事属之。何意卒尔失之，悲痛伤心！今表增其子满千户，然何益亡者！追念之感深。且奉孝乃知孤者也。天下人相知者少，又以此痛惜，奈何！奈何！追惜奉孝，不能去心。其人见时事兵事，过绝于人。又以人多畏病，南方有疫，常言吾往南方，则不生还。然与共论计，云当先定荆。此为不但见计之忠厚，必欲立功分，弃命定。事人心乃尔，何得使人忘之！哀哉奉孝！惜哉奉孝！痛哉奉孝！故军祭酒郭嘉，忠良渊淑，体通性达。每有大议，发言盈庭，执中处理，动无遗策。自在军旅，十有余年，行同骑乘，坐共幄席，东禽吕布，西取眭固，斩袁谭之首，平朔土之众，逾越险塞，荡定乌丸，震威辽东，以枭袁尚。虽假天威，易为指麾，至于临敌，发扬誓命，凶逆克殄，勋实由嘉。方将表显，短命早终。上为朝廷悼惜良臣，下自毒恨丧失奇佐。"

从这段文字中我们可以深刻感觉到曹操对于郭嘉的离世是十分伤心的，深感失去了一位能助他平定天下的大才。

若说戏志才是文韬武略、无所不能的全才，那么在戏志才之后加入曹魏集团的郭嘉绝对就是戏志才的升级版本了。

千百年来，世间一直流传着一句名言："志才不死，郭嘉不出。"

看到这里，也许有人会问，既然郭嘉比戏志才在各方面能力都要突出，那为什么荀彧不一开始就将郭嘉推荐给曹操，而先推荐戏志才呢？

其实这是一个机缘的问题。

大家要知道，荀彧是在东汉初平二年（191）投靠曹操的。

而从史料上的零星记载中我们可以大致判断出，曹操刚开始起兵创业时得到荀彧这个颍川氏族的风向标的加盟，而荀彧进入曹魏集团后不久便向曹操推荐了一位同样来自颍川毛遂自荐的才子，也是他多年的好友。

这个有才之人不是别人正是戏志才。

也就是说，荀彧与戏志才这两个颍川的老乡是前后脚进入曹魏集团的。

而后再经过荀彧这个加盟曹魏集团的二把手的一波巧妙推荐，戏志才受到了曹操的重用。

可惜的是，戏志才英年早逝，这时候曹操找荀彧商议，希望其能推荐一个能顶替戏志才的英杰时，荀彧才推举了昔年的同事兼好友郭嘉。

郭嘉和戏志才都是十分难得的谋士，只是两人进入曹魏集团的方式及时间各有不同，因此才造成了荀彧先推荐了戏志才后推荐了郭嘉的局面。

除了推荐戏志才与郭嘉外，荀彧还推荐了钟繇。

要知道，荀彧在选拔、推荐、挖掘人才方面向来是毫无私心的。

在他眼里真正有才华的人是不会被放过的，而那些能力平平一心只想凭借走后门往上爬的人，他向来都不会允许，甚至连看都不会看对方一眼。

所以，像钟繇这样有才华又有能力的人自然不会被荀彧漏掉。

钟繇是东汉末年著名的书法家，是小楷字体的创始人，与大书法家王羲之齐名，同时也是曹魏集团智囊团的主要成员之一。

曹操曾对荀彧说过："文若乃吾之子房。"而对钟繇曾说过："吾之萧何。"

钟繇除了书法外，政绩也很出众。

正因为有了钟繇，曹操才敢大胆放心地去与袁绍开战，因为曹操心里清楚，西线一带只要有了钟繇，大军在前线作战就可以不必担心粮草的问题。

只要有了钟繇一个人，曹操就不需要额外派兵镇守关中地区。因为钟繇的执行能力实在很强。

但他最厉害的还是灵活变通的沟通能力，能将死人都说活了。

当李傕、郭汜两人与司徒王允闹别扭，各路大小诸侯都在打自己的小算盘时，只有曹操派人进京面圣，向小皇帝刘协表达自己忠君爱国的赤子之心。

但李傕、郭汜并不相信曹操，于是便想出各种馊主意想刁难一番曹操派来的人。

　　而这时钟繇却站了出来，用紧密的逻辑、严谨的思维和巧妙的言语说服了两人。

　　李傕、郭汜最终采纳了钟繇的建议，选择相信曹操。

　　这件事儿干得非常漂亮，使得曹操得到了中央政府的信任，拉近了中央政府与曹操之间的关系，使得汉献帝的合法性得到了强有力的支持。

　　事后，荀彧又在曹操面前大夸特夸了钟繇一番。

　　曹操一高兴立刻将钟繇委以重任，钟繇从此成为他智囊团的重要成员。

　　之后，曹操与吕布、刘备争夺徐州时，关中地区发生了一系列骚乱，对当地百姓的生产生活造成了很大影响，曹操没有心思处理，于是便派钟繇去关中。

　　当时，缺兵少粮的钟繇仅凭着一口铁齿铜牙竟说服了马腾、韩遂这样的军阀头子，心甘情愿地将自己的儿子送到京城去晋升学习（实际是做人质），而这些军阀不但不会因此记恨他，反而对他感恩戴德，关系很密切，经常与他聚在一起喝花酒、玩乐。为了他可以斩郭援，打匈奴，甚至两肋插刀也在所不惜。

　　如果没有钟繇的加入，曹操可能要多派一倍的军力在西线防守，官渡之战、渭水之战就不可能会取得胜利，更不要谈去和吕布、刘备、袁术这些人对战了。

而这一切的推手都是来自荀彧。

若是荀彧没有向曹操推荐钟繇，曹操也就不会重用钟繇，那么无论钟繇有多么能干，多么有才华，这辈子都不可能有崭露头角的时候。

三、扩充集团人才储备库

作为曹魏集团的二把手，荀彧除了挖掘、介绍一批善于动脑的谋士外，也会将一些文武兼备的将领用心地培养，大力地提拔。

司马懿就是其中之一。

据《三国志》里所记载："太祖遂至洛阳，奉迎天子都许。天子拜太祖大将军，进彧为汉侍中，守尚书令。常居中持重，（一）太祖虽征伐在外，军国事皆与彧筹焉。（二）太祖问彧：'谁能代卿为我谋者？'彧言'荀攸、钟繇'。先是，彧言策谋士，进戏志才。志才卒，又进郭嘉。太祖以彧为知人，诸所进达皆称职，唯严象为扬州，韦康为凉州，后败亡。"

还有在《晋书》一书中的记载："汉建安六年，郡举上计掾。魏武帝为司空，闻而辟之。帝知汉运方微，不欲屈节曹氏，辞以风痹，不能起居。魏武使人夜往密刺之，帝坚卧不动。及魏武为

丞相，又辟为文学掾，敕行者曰：'若复盘桓，便收之。'帝惧而
就职。于是使与太子游处，迁黄门侍郎，转议郎、丞相东曹属，
寻转主簿。"

两本书中都没有写明司马懿是由荀彧提拔并推荐给曹操的，
但是，在《后汉书》里却出现了这样的一段记载："及帝都许，
以彧为侍中，守尚书令。操每征伐在外，其军国之事，皆与彧筹
焉。彧又进操计谋之士从子攸，及钟繇、郭嘉、陈群、杜袭、司
马懿、戏志才等，皆称其举。唯严象为扬州，韦康为凉州，后并
负败焉。"这里明确写了荀彧向曹操推荐的人才里有司马懿的名
字。

熟悉历史的小伙伴对司马懿应该都不陌生，在各种有关"三
国"的影视剧里都或多或少对这个人物有过刻画，更有甚者将其
当为主角。

建安十三年（208），已是而立之年的司马懿得到了荀彧的提
携，出任丞相府的"文学掾"，这职位可属实比七年前的"上计
掾"风光多了，从此开始了属于他的人生上坡阶段。

按照《晋书》中的记载，司马懿这个"文学掾"的职位就是
陪曹丕读书的书童，顺便兼着历任黄门侍郎、议郎等文职，说穿
了，就是曹操家里的家臣。

但你可千万别小看这个差事，当时有成千上万的人挤破脑袋

想干这差事，因为只要是坐上了这个位子就意味着今后必定能飞黄腾达，前程似锦。

建安二十一年（216），司马懿随曹操征讨濡须。

在这场战役中司马懿为了显示自己的才华，为曹操献上一则妙计，就是饮马江东，这显然是不给孙权第二次"草船借箭"的机会。

一场仗下来，累得孙权都快吐血了，赶紧派人去曹操那里求和联姻，希望曹操看在昔年与孙权父亲孙坚交情不错的分儿上饶了自己。

当时的曹丞相还小声嘀咕道："这红毛碧眼的小子，还真是会审时度势啊！"

同年，曹丕与弟弟曹植兄弟俩争夺继承权，争取地位，最终曹丕完胜曹植，任五官中郎将，兼副丞相一职。

在这对兄弟激烈的争夺中，司马懿起到了一定的作用，但具体司马懿在这中间出了什么主意，作用有多大，史书中并没有明确记载，但以当时曹丕与其弟弟曹植的实力来看，司马懿会选择帮谁就一目了然了。

建安二十四年（219），关羽带兵攻打襄樊，展现出了超出常人的战斗力，这令身经百战的曹操叹为观止，三天三夜都睡不着，脑子里都是武圣人关羽那高大威猛的形象。

这时，司马懿屁颠儿屁颠儿地跑来献上一计，他让曹操联合孙权，这样就可以转移矛盾点，安心地坐在一旁看戏了。

在天时、地利、人和三方面条件都符合的情况下，司马懿的这一招取得了超过预期的成效，荆州换了主人，孙权与刘备彻底掀了桌子，拔刀相向。

可以说，荀彧在选拔、挖掘人才方面从来没有走过眼。

而司马懿显然是荀彧为曹操推荐的人才中最厉害，也是最有想法的一个，要不最后取代曹魏政权的也不会是司马家了。

有人说荀彧聪明一世，但最终还是没有看清楚司马懿，笔者认为，这句话并不正确。

首先，一个人是否有真本事，关键还是要看他个人的机缘和性格。

荀彧可谓是东汉末年谋士中的佼佼者了，他不但善于谋略，更善于施政，但若将他硬是拿来与司马懿相提并论，就有点儿不讲道理了，毕竟两人各有千秋，互相伯仲，很难分清高下。

因为"智慧"一词其本身与"聪明"是有本质区别的，前者通常是来形容有阅历也有见识，格局思想比较大的智者，而后者偶尔会被冠以"小聪明"一类不太好的词汇，有时用于形容世俗间那些偷奸耍滑的小人物。

但不管怎样，司马懿的最终成功是离不开荀彧提携的，这是不争的事实。

司马懿给后来的子孙打下了坚实的政治基础，使得司马家最终取代了曹魏建立了晋朝，这足以证明司马懿的本事。

可是，如此厉害的司马懿为什么没有在一开始就得到曹操的重用？

其中道理很简单，因为曹操早已察觉司马懿的野心，而且这野心还很大。

一个人有野心不是一件坏事，但若一个人的野心太大了就不一定是好事儿了，尤其是在曹操这样的人物面前。

很明显，曹操认为司马懿对自己构成了威胁。

即便后来他将司马懿拉入自己麾下，也是抱着防御的心态小心观察。

荀彧则不同。

荀彧这个人有的不是野心而是忠心。

荀彧在维护汉室江山的问题上可以说是兢兢业业，死而后已，所以，对于荀彧，曹操不但要用，而且要拉拢地用，所以从这一点上来看，荀彧在智慧方面显然已经完胜司马懿几条街了。

即便最后司马家得了天下也还是对荀家的后代恭恭敬敬。

因为如果没有荀彧及荀家的鼎力相助，司马懿就不会有出头之日，那么司马家也不会得取天下，最终建立朝代。

基于以上种种缘由，司马懿才会感叹地说出一句"纵观当今天下，无人可比荀令君"的言语。

这句话无疑是将荀彧捧上了天。

当然，在曹魏集团干了二十一年兼着集团内部 HR 等重要工作的荀彧，多多少少也没忘记照顾一下自家人，在单位里留个合适的岗位给自家有才干的亲戚。

荀彧的侄子荀攸和后来的陈群就是两个最好的证明。

先来说说荀彧的侄子荀攸。

有一日，曹操问荀彧："谁能代卿为我谋者？"

荀彧答道："荀攸、钟繇。"

这句回答被看作是荀彧作为叔叔向曹操推荐自己侄子最有力的证据。

但也有很多人对这句话的真伪存疑，因为翻遍所有史料典籍，我们找不到任何证据能证明荀彧曾直接向曹操推荐过自己的侄子，也压根儿找不到这句话的出处。

尽管如此，笔者还是认为荀攸能得到曹操的赏识与荀彧是脱不开干系的。

别的不用说，就单看荀彧和荀攸叔侄俩分别加入曹魏集团的时间就可以得到大致的结果了。

荀彧加盟曹魏的时间之前咱们反复地提过，是初平二年

（191），荀攸加入曹魏集团的时间则是在建安元年（196），叔叔在集团的工龄比侄子多出五年，那么在这五年里，即便史书上没写明，我们也可以想象得到荀彧不可能连一次都没有想过将自家人才拉进集团工作。

在前面的章节里我们曾经提到了荀彧、荀攸虽是叔侄关系，荀攸却生于公元157年，而荀彧则出生于公元163年，整整比自己的叔叔大六岁，所以两人的叔侄关系只是辈分上的。

荀攸既然比自己的叔叔大六岁，出名自然也比荀彧要早得多。

早在中平六年（189），京城爆发董卓之乱时，荀攸就与议郎郑泰、长史何颙、侍中种辑、越骑校尉伍琼等人商议过要杀董卓，只是此事因最终走漏了风声而失败，荀攸等人被抓入狱。

幸运的是，此事发生后不久董卓因失手京都而狼狈出逃被杀，荀攸等人则沉冤昭雪被豁免出狱。

荀攸因谋划刺杀奸贼董卓一事而名声大噪，随后在建安元年（196），曹操迎汉献帝刘协入许昌建新都时，给荀攸寄去了一封信，在信中曹操说道："方今天下大乱，智士劳心之时也，而顾观变蜀汉，不易久乎！"

这句话的意思就是说："当今天下大乱，战火不断，正是匹夫有责，谋士劳心费神、救国救难的时刻，但先生你却窝在蜀汉那里过着清闲日子静观局势变化，你觉得这样合适吗？"

荀攸看了曹操的这封信后，内心大受感触，于是便毅然决然地加入了曹魏集团担任汝南太守，入为尚书。

曹操久闻荀攸的大名，在荀攸加入集团后对着荀彧说道："公达，非常人也，吾得与之计事，天下当何忧哉！"

从以上这段小故事我们便可以想象，如果当时没有荀彧这个"贤内助"的提醒，以曹操日理万机的状态，怎么可能会突然想起给荀攸写信，邀请他加入集团工作呢？

当然，必须承认荀攸的确是个很有才能的人，不然就算荀彧再怎么推荐，曹操也不会重用荀攸。

在官渡之战中，荀攸向曹操献计，先是除掉了袁绍麾下大将颜良，又出计派徐晃烧了袁绍的粮草，之后又劝曹操相信许攸的话，趁夜带兵去袭击乌巢，最后又说服曹洪接受了前来投奔的张郃、高览二人。

可以说正是由于在官渡之战中荀攸的及时献策，帮助曹操解决了很大的问题，立下了大功。

荀攸被人称为是曹操的"主谋"，他的用兵策略是多变的、灵活的，常常令人意想不到。

虽是如此，但荀攸这人活得却很像我们大家熟知的雷锋同志。

为什么这么说呢？

因为两人之间最大的共同点就是做事不留名，却都爱记日记。

雷锋同志生前做过什么当时大家都不知道，但是他有写日记的好习惯，所以像扶老奶奶过马路、帮老大爷劈柴等事迹，我们这些后来人都是通过他的那本日记得知的。

而荀攸和雷锋一样，也是把自己给上级领导曹操出的计谋，解决了什么相关的问题全部记在了日记上，最后由他的生前好友钟繇整理成册并公之于众。

不过可惜的是，还没等整理完整，钟繇就已经驾鹤西去了，所以时至今日，流传于世有关荀攸生前为曹操出过的计谋我们只知道其中的十二条，其余的数十条我们则不得而知。另外，据说有一本名叫《魏官仪》的书，里面记载了荀攸生前为曹操出过的所有计策，但现在也已失传了。

不管怎样，能被称作曹操的"主谋"，可见荀攸在曹魏集团的分量不一般。

接下来再说一说陈群。

陈群与荀彧的关系有些特别。

因为，他不但是荀彧的颖川同乡，更是荀彧的女婿。

大家要知道，东汉末年有"颖川四长"的说法，分别是钟、荀、韩、陈，而荀彧与陈群则分别出自这四大家族中的荀家与陈家。

据《世说新语》里记载："陈太丘诣荀朗陵，贫俭无仆役，乃使元方将车，季方持杖后从，长文尚小，载著车中。既至，荀使叔慈应门，慈明行酒，余六龙下食，文若亦小，坐著膝前。"

这段文字的意思是说："一日，陈太丘（陈寔）去拜访荀淑，因为家境贫寒没有马夫，于是就让自己的大儿子元方驾驶着马车，二儿子季方手持节杖在车后面跟着，而小孙子陈群坐在车厢中，到了荀家之后荀淑立刻吩咐自己三儿子去迎接，六儿子荀爽去安排酒席招待宾客，其余几个儿子陪坐，让年纪最小的孙子荀文若坐在自己膝前与自己一同陪客人聊天。"

由此可见荀家与陈家的关系是非常要好的。

后来天下大乱，战火狼烟四起，荀彧审时度势选择了最有潜力的曹操，加盟曹魏集团，成为颍川士族集团与曹魏联盟的风向标式人物。

这个时候他就把与自己家世代交好的陈家后人，同时也是自己的准女婿陈群挖进了集团推荐给了曹操。

当然，荀彧这么做可不是因为荀、陈两家世代交好的关系，更不是因为陈群是自己准女婿，归根结底还是陈群自身有本事。

陈群不仅有本事而且是大才。

他创立了中国封建时代官吏的九品制，专为士族服务，有后人批判他为"魏晋南北朝乱世之根源"，但从出生于士族家庭的陈群来说，他所创立的"九品制"其本意就是为士族服务的，至于后世如何改进这一制度，让寒门学子也有出头的机会，这一切就超出了陈群的考虑范围了。

因为在秦汉时期，讲究的就是纯粹的世袭制度，无论是皇亲国戚还是地方士族大夫，只要你是贵族，那么你的后代永远享有贵族身份。

据陈寿先生所著《三国志》的记载，陈群首次出场亮相是在兴平元年（194），当时的陈群还在刘备那里做刺史别驾。

不知道当时的刘备是怎么想的，硬是没有挖掘出陈群身上的闪光点，陈群多次出言献策，刘备都置之不理，最终导致徐州多次易主。

也许是命中注定刘玄德与徐州这片土地无缘，徐州最终落到了曹操的手里，而陈群最终对刘备失去了信心，通过已经是曹魏二当家荀彧的推荐，果断地弃刘投曹，跳槽加入到了曹魏阵营。

是金子总会发光，陈群对军事不怎么在行，却是玩政治的行家，加入曹魏集团后不负荀彧所望和上级与同僚相处得是游刃有余，还和曹丕、司马懿成为了好哥们儿。

早年陈群还跟着刘备混的时候，就将他高超的政治手腕儿提炼到了拔尖的境界了。他非常热衷于混迹各种名人论坛，跟各界大佬交朋友。

有一个叫作许靖的人，是当时西川地区的领袖级人物，曾一度成为西川地区排名数一数二的大臣，可以说走到哪里都是众星捧月的了，而当时的陈群不知从哪里打听到自己的老爸和许靖是旧相识，于是就和许靖主动通信表明身份，一来二去便顺理成章地攀上了关系。

进入曹魏集团后陈群如法炮制之前在蜀汉的做法，很受上级领导的喜欢，曹操对他十分看重，一路晋升他的官位。

当曹操将汉献帝刘协当提线木偶一样牢牢攥在手里的时候，陈群就不断在私下劝曹操废帝称皇，要知道这一观点可是和他的老丈人荀彧背道而驰的。

或许荀彧从没有想到，自己一心提拔的女婿会是自己政治道路上的最大敌手。

除此之外陈群在曹魏集团还主动担任起了"纪检委"的工作，在前面我们提到过，他曾经向朝廷上奏揭发同事郭嘉"行共骑乘，坐共幄席"等一系列不检点的行为。

虽然最后没有能够让郭嘉收敛，但让曹操看到了他的认真态度，对他大加赞扬，陈寿先生曾评价他是"清流雅望"，但很多时候，私下里的陈群却又表现得非常不靠谱，经常说一套做一套，诓人不眨眼，被清代学者赵一清批评为："为人轻薄如此。"

除此之外，陈群还是曹丕的托孤重臣，而且还在曹睿时期成为了曹睿身边的首席大臣，多次向曹睿提出意见，监督曹睿的一言一行是否符合天子的行为规范，而曹睿对这位自己父亲生前的好哥们儿也是十分尊重。

四、提拔内部人才

建安十年（205），河东地区发生叛乱，给当地群众带来极大的损失。

而此时的曹魏集团内部人员各司其职，忙得不可开交，实在无法单独再派出人手去平定河东。

曹操本人为了此事也是忧心忡忡，于是找来荀彧商议对策，道："如今河东地区发生叛乱，而我们集团内部除了贾诩、程昱、子杨、郭嘉、夏侯渊、夏侯惇、你和荀攸等一干核心元老外，再无其他闲置的人选，我实在想不出派谁去平乱治理比较合适，文若你有没有其他好的人选可以担此重任？"

荀彧思量片刻，缓缓说道："西平太守京兆杜畿，勇足以难当，智足以应变。"

这句话的意思很简单，就是说："西平太守杜畿有勇有谋，绝对是最佳的人选。"

曹操听从荀彧建议，将杜畿任命为司空司直，调任护羌校尉，使持节领西平太守。

这杜畿可不是一般人，乃京兆杜陵（今陕西省西安市）人，祖先是曾经在《史记》《汉书》中出现过的杜周、杜延年父子。

杜畿本人聪慧过人，能文能武并且善于推理破案，在担任郡功曹、守郑县令时破获了不少离奇的案件，是东汉末年狄仁杰、包拯一样神探般的存在，在当地百姓心目中有极高的威望。

杜畿服从领导安排，调任至河东后不久，很快就平息了当地叛乱分子，并将当地治理得井井有条，此后十多年里，杜畿一直广施仁政，他管辖的河东地区，一直保持着安定富足的生活，再也没有发生过动荡。

细数一下曹魏集团接触的几十位文臣武将，竟有三四十人都是荀彧一人推荐、挖掘或提拔的，可见其是尽职尽责在为曹魏乃至整个汉室江山贡献自己的力量。

建安十五年（210），荀彧犯了风湿病，双腿膝盖如同被刀斧砍剁一般疼得卧床不起。曹操知晓后立刻放下手头上的工作赶来探望，见荀彧形销骨立的样子，忍不住热泪盈眶，哽咽着说道：“文若，你可千万不能有事啊，一定要好起来，不然我这大后方，以后交与谁替我照顾？”

荀彧勉强挤出一丝笑容，气若游丝地安慰曹操道：“我若就此一病不起，最后撒手人寰，主公可让何夔代替我，何夔的智谋远超于我，我在他面前早已自愧不如。"

何夔这人的能力曹操非常清楚，的确是聪慧过人，几乎无人可比，他与荀彧乃是多年的搭档交情，两人一个主外，一个主内，配合默契，才有了今时今日的曹魏集团。

从情感上来说，曹操实在不愿意就这样放弃荀彧，让何夔做他的位子，所以之后数天，曹操虽然将何夔安排在自己身边暂时处理一些荀彧之前的事务，却迟迟没有升何夔的官位。

几个月后，荀彧的病情好转，已经可以正常上班处理公务了，于是曹操便将何夔调离，任命其为太尉长史，保留了荀彧尚书令的职务。

第五章

心愿未成，百念皆灰

在前面几个章节中，我们用通俗易懂的语言介绍了东汉末年发生的几个事件，进而展现了荀彧一生的经历。

而在接下来的本章内容里，我们来说一说，荀彧忙碌的一生最终的结局。

说起这段历史，本来也是迷雾重重，众多史书上的记载也各有不同，有些说荀彧的死和曹操有直接关系；有些则是说荀彧的死是因为连日忙于工作，加上年纪大了，得了病所以积劳成疾而死。

一、死因成谜

荀彧之死存在着很多疑点，而这疑点的关键就在汉献帝建安十七年（212）曹操欲要做魏公加封九锡。

一说当时北方已定，既无外忧，也无内患，而南方的东吴远踞江南，蜀汉则物资贫乏，无力争夺中原腹地，因此，掌控了当时中华大地主动权的曹操便有了想改变"外姓不王"的汉代传统。

而这个时候一心维护汉室利益的荀彧总算看清了曹操的野心，想到曾经与自己共同匡扶汉室的曹操即将要变成魏国公，要建立自己的魏国王朝，这显然违背了荀彧的初衷，所以他不惜服毒自尽，以自己的死来向曹操表示抗议。

二说董昭为了曹操做魏公加封九锡而专门做了一份调查问卷，咨询了曹操手下一批重要的中、高层干部，大家对于这件事都没有异议，只有荀彧一个人表示强烈反对。

在《后汉书》卷七十的《荀彧传》中有明确记载荀彧当时反问董昭说道："曹公本兴义兵，以匡振汉朝，虽勋庸崇著，犹秉忠贞之节。君子爱人以德，不宜如此。"

曹操听说了这件事后，心里十分不舒服，赶巧不巧，这时候曹魏正准备南下打孙权，于是曹操就借机让以往都留守大本营的荀彧随军南征，顺便把全军的军饷发了。

不料，军队在行至寿春时荀彧身染重病，因医治不及时，导致荀彧最后离世。

在《后汉书》中的记载是这样的："至濡须，彧病留寿春，操馈之食，发视，乃空器也，于是饮药而卒。时年五十。帝哀惜之，祖日为之废宴乐。谥曰敬侯。明年，操遂称魏公云。"

同样的事在《三国志·荀彧传》中又是这样被记载的："会征孙权，表请彧劳军于谯，因辄留彧，以侍中光禄大夫持节，参丞相军事。太祖军至濡须，彧疾留寿春，以忧薨，时年五十。谥曰敬侯。明年，太祖遂为魏公矣。"

而在裴松之先生所著的《裴注三国志》中和裴松之引《魏氏

春秋》又是另一种说法："太祖馈彧食，发之乃空器也，于是饮。"

以上四条线索总结下来就是两点，一是荀彧是在寿春忧郁成疾死亡；二是因曹操要进九锡做魏国公，所以荀彧服毒自尽，以死来抗争。

尽管不同记载各执一词，但荀彧之死仍然与曹操有莫大的关系，而且时间点都是在曹操准备加九锡之前。

因为，荀彧是曹操当魏国公路上的最大阻力，只要荀彧一死，曹操就可以得偿所愿了。

在《后汉书》与《魏氏春秋》这两部书中都提到荀彧收到曹操送来的饭盒，荀彧打开发现里面是空的，曹操这样做的真实用意究竟是什么呢？

假若这两部史料中所记载的内容真实无捏造，那么曹操这么做一定别有深意，至于这个深层的意思究竟表达了什么，现在也无法说清，因为这种做法在此之前并没有先例，我们只能通过记载和最终导致的结果来判断。

而对于这两种说法，笔者自己更倾向于第二种观点。

那么除去荀彧之外，荀彧背后的荀氏一族，乃甚整个颍川士族们会同意曹丞相废帝自立夺取国家控制权吗？

之所以这么问，完全是因为东汉末年儒家道德的约束，若坚持自我，放弃利益，定会使自己乃至整个家族陷入政治危险当中。

二、引发后世争论的身份

在荀彧去世之后，有关他的身份归属问题也引起后世学者们的猜想和讨论。

在陈寿先生所著的《三国志》等一系列相关书籍中，陈寿先生认为荀彧是魏臣，然而在范晔的《后汉书》中则将荀彧归为汉臣，与孔融同传，单单只看评论就知道荀彧身份归属的复杂性。

总结起来，关于荀彧身份归属，学者一般分为两派。

一派认为荀彧属于魏臣。持这种观点的代表人物有裴松之、杜牧、赵翼等，他们的说法是荀彧是魏臣，其不但为曹操指定修正了战略方针和政治规划，还不断往集团内部挖掘、推选人才，曹魏集团做出的关键选择都有荀彧的参与。

另一派认为荀彧属于汉臣。持这种观点的以范晔、司马光等人为代表，他们一致认为荀彧属于汉臣，拥护汉室江山，立志正兴大汉王朝。

对此，笔者自己更偏向于第二种观点。

首先，曹操与荀彧本是一对精诚合作，怎么也打不散的好兄弟、好搭档。

正是由于荀彧加盟曹魏，才使得曹操摘掉了多年"袁绍小弟"的帽子，从此事业跳跃式上升，一跃成为东汉末年最强霸主。

早先他们的联合是因为有着共同的理想和奋斗目标，两人携手并肩，风雨同舟，一起首尾相望捍卫着大汉江山。

但随着手中权力越来越大，地位越来越高，曹操本人的野心也在逐渐膨胀，从最初一心为国为民的忠臣，变成了一个比昔年董卓有过之无不及，控制着天子，图谋社稷的乱臣贼子。

而反观荀彧，依旧还是当年那个不忘初心，为了大汉江山舍生忘死、至死不渝的汉室忠臣。

两个曾经一起走过风风雨雨的好兄弟、好搭档，最终变成了对立的双方。

自从建安十七年（212），曹操欲晋爵国公、加封九锡的那一刻起，荀彧便对他彻底失望。

而那一刻，在曹操心中，荀彧也从他身后最坚实的后盾变成他前进路上的绊脚石。

曹操先是找了一个借口，让常年镇守在大本营的荀彧随军出征，随后又在荀彧生病时，派人送了一个空的饭盒，这一举动从现在来看可以理解为：现在天下已经基本稳定了，以后没有你荀彧，我曹操自己也能摆平很多麻烦。送你一个空饭盒代表的就是，以后在曹魏集团里没有你荀彧的饭碗了，所以你该干吗干吗去吧！

从另一角度来解读，曹操这么做可能是想给荀彧一个警告，好让荀彧能回心转意，支持自己加九锡当魏国公，但可惜的是荀彧对汉室忠贞不贰，至死都没有放弃身为汉臣的尊严。

虽然二十一年来和曹操合作得很不错，也培养出了很高的默契、深厚的友谊，但是忠心大汉皇室的荀彧怎么可能会支持曹操这种公然分裂国家的行为呢？

因此，自杀也许是荀彧能想到的唯一的解脱方式，至于曹操最后就算如愿以偿，但对于荀彧的死也难免会心如刀割，毕竟这么多年的感情不是说断就能断的。

荀彧本身对于曹操的情意和自己忠于汉室王朝的内心其实是非常矛盾的，他既想继续和曹操干事业，又不想违背自己初衷背叛汉室，这一点我们从荀彧在得知曹操准备做魏国公的第一时间说的话就可以看出一二："曹公本兴义兵，以匡振汉朝，虽勋庸崇著，犹秉忠贞之节。君子爱人以德，不宜如此。"

从这句话我们不难看出，荀彧自始至终都没有改变过初心，况且他做的尚书令也是汉朝的官职。

曹操刚开始与荀彧的思想是统一的，所以他们两个才会走到一起，共同奋斗拼搏。曹操当时最大的梦想就是在自己百年后的墓碑上写着：汉故征西大将军曹侯之墓，所以在那个时期他俩志愿是相同的，荀彧辅佐曹操自然也就是情理之中的事儿了，但是随着曹魏集团势力的不断扩张，曹操也逐渐有了自立之心。

这个时候的荀彧内心虽然也知道汉朝不可能重返之前的光辉岁月，迟早要灭亡，也知道以曹魏集团的实力和影响力取代汉室是迟早的事儿，但他唯一没有料到的是曹操会这么心急，南方还有孙家的分割实力，东吴还没消灭，蜀地还有刘备在蠢蠢欲动，曹操就算真想做天子的位子，走上人生巅峰，能不能先把这两个潜在的危险除去了再说呢？

而从另一方面去解读，这其中的意思就更直接了。

正所谓"神挡杀神，佛挡杀佛"，所以，在野心爆棚的曹操看来，荀彧这个障碍必须得除去：你荀彧要不就跟我同流合污，要么就自己一边儿玩去，我这儿以后也不会再留你的饭碗了，只有这样我曹操才能毫无顾忌地踏上那权力的最高峰，才能毫无顾忌地去汉而代之。

而曹操一旦晋爵国公，加九锡得逞，就相当于与天子刘协平起平坐，弄了一个国中之国，不但在大汉朝的国土面积内给自己割了一片国土，而且还可以直接设置自己封国的文武百官，完全不受天子刘协的限制，这是完全凌驾于天子之上的行为，是搞一边一国的分裂国家主权的行为，用现在的话说就是搞"独统"。

对于这种分裂主权的谋朝篡权行为，任何一位有识之士都不会认同，并且都会对其得而诛之。

那么问题又来了，既然这种行为如此不招待见，曹操为什么一定要这样做，一定要称魏公呢？

要解释这个问题首先要追溯到先秦时期的爵位划分。

在当时的中国，中央政府将爵位总共分为五个不同等级，分别是公、侯、伯、子、男。也就是说，公爵在当时的地位仅次于天子，乃为诸侯之长，像我们熟悉的齐桓公、鲁庄公等统统都属于诸侯之长。

用现在的话说，诸侯之长就等于是在中央政府默许下存在的割据政权，可以有自己的领土、自己的军队、自己的国旗；可以自己制定宪法，自己设立官阶，发展自己领土居民独特的文化，设立不一样的官方用语和书写文字，完全不用受中央政府的管辖，只要每年定时向中央政府缴纳税费、贡品就行。

这种制度一直延续至周朝末年，春秋五霸和战国七雄的存在让周天子完全成了摆设，直到秦灭六国，统一了生活在黄河两岸乃至长江流域的居民，集中了皇权后才取消了公爵这一几乎与天子平起平坐的职位。

但白云苍狗，岁月流转，如今东汉末年，在大汉江山名存实亡之际，曹操又准备让汉献帝刘协封自己为魏公，这一举动岂不是又回到了周朝末年的动荡时期了吗？这不明摆着要自立为王，搞分裂吗？

在整个大汉朝的历史中，即便是昔年将匈奴人打得稀巴烂的猛将霍去病将军，最后也只是做了一个冠军侯而已。

难道曹操是想做第二个王莽吗？

事实证明，曹操是这样打算的。

关于这一点，我们可以从当时汉献帝的诏书中得出答案。

据《三国志》记载，汉献帝刘协在建安十八年（213）的五月份派郗虑赶到邺城，宣读诏书封曹操为魏公。

刘协在诏书中说自己无德无能，愧对于列祖列宗，既没有为祖宗修祠庙，也从来没有祭过天，使汉室江山连年战火不断，摇摇欲坠，濒临灭亡，而曹丞相的出现给了他莫大的希望，若不是曹丞相，他很有可能早已饿死在荒郊野外。曹丞相不但拯救了他这个不争气的皇帝，也拯救了整个大汉江山，多年来平定天下四乱，无怨无悔，任劳任怨，如今江山稳固，百姓安康，都是曹丞相的功劳，所以为了表赏，如今朕封曹丞相为魏公。

在诏书中汉献帝不断地贬低自己抬高曹操，甚至把曹操的功德比过了昔年周公，恨不得把他吹捧成天神下凡。

这意味着，从此之后，所有的大事小情曹操都不必再上表朝廷向刘协请示，自己就可以直接决定了。

在那个讲究礼义廉耻、繁文缛节的古代社会中，这样一出戏对于曹操取代汉室自立为王无疑是重要的一步。

所以，忠于汉室的荀彧在这时候当然要拼死反对。

他绝不能容忍曹操这种分裂国家的举动。

可是对于野心勃勃的曹操来说，此刻任何人反对他，就等同于与他为敌，他已经完全被欲望所支配，失去了理智，一副神挡杀神，佛挡杀佛的架势。

要知道杀几个家喻户晓的名人对曹操来说那根本不叫事儿，简直就跟切豆腐一样简单。

想当年杀边让和华佗时他连眼睛都没眨一下。

可是，如今杀一个荀彧却着实让他犯了难。

荀彧是什么人？

那可不仅仅是名人这么简单。

荀彧可是曹魏集团的二把手，是曹操的最佳合伙人兼拍档，是整个颍川士族的代表，是整个天下名流的风向标。

这么多年来，每当曹操遇到困境时，都是荀彧为他出谋划策，为其化险为夷、排忧解难。

如果没有荀彧做他坚实的后盾，曹操当初的创业小团队根本不可能壮大发展，成长为今日雄霸一方的曹魏集团。

在曹魏集团勤恳工作、任劳任怨的荀彧，不仅仅为曹操制定、修正了战略方针，还为集团挖掘、推荐了一大批如钟繇、戏志才、荀攸、郭嘉、司马懿等当时天下数一数二的人才，使得曹操征战四方，所向披靡，无人可挡。

因此，在杀荀彧这件事儿上，曹操从自身情感上来说就很不情愿，但又不得不做，若找不到一个必须杀荀彧的理由，很有可能会遭人非议，甚至给这么多年苦心经营的事业带来巨大的困难，说不好被打回原形都有可能。

所以，为了不落人口实，曹操就想出了让荀彧跟着军队出征，在半路上给其一个下马威，若荀彧就此服软，从此心悦诚服，那么他俩以后还能像之前那样精诚合作，若荀彧依旧顽固地坚持自己匡复汉室的想法，那两人的情分也就到此为止了。

可惜荀令君一生秉持着对汉室的忠贞，苦口婆心劝告董昭要心存仁德，不能将曹孟德推下深渊成为千古罪人，背负不仁不义的骂名，其实他自己也知道，人是会随着时间和环境不断改变的，信誓旦旦，终是不思其反，勠力同心，终是本同末离，荀彧知道自己最终无法阻止曹操，更不能当作什么都没发生似的回到过去，他倾尽一生缔造了曹魏集团的帝国，却最终被这大山所压垮，摧垮了他所有的梦。

为了给自己一个证明，给天下一个交代，于是，他选择了死。

他想用自己的死再次提醒曹操："本兴兵以匡朝宁国，秉忠贞之诚，守退让之实。"

连汉献帝这个傀儡皇帝都说："当今之世，尺土非复朕有，一夫岂复朕民？"

遥想当年，刚开始创业的曹操还是个一无所有，整天跟在袁绍屁股后面混，被人天天指着脊梁笑骂"宦官养子之后"的穷光蛋，而荀彧的到来使他事业持续上升，一路飘红，往后的二十一年里两人互相扶持，推心置腹，宛若民间夫妻一般，荀彧以为自己就是这世界上最懂曹孟德的那个人，是曹操命中注定的"王佐之才"。

而曹操也一直以为，荀彧应该会懂得自己所有的想法，并且会毫无保留地站在自己一方和自己建立统一战线，只可惜，他们两个都错了，而且是大错特错。

曹操将荀彧想得简单了，低估了他对汉室的忠诚度，而荀彧则是高估了曹操对权力贪婪的程度。

两个人都是绝顶聪明的人，都能够敏锐地洞察人心，将天下大事看得清清楚楚、明明白白，却唯独将对方看不清楚、想不明白。

三、以死明志

关于荀彧跌宕的一生，东晋大文学家、史学家袁宏在其所著的《三国名臣赞序》里说得最为贴切，一语道破，他说："文若怀独见之明，而有救世之心，论时则民方涂炭，计能则莫出魏武，故委面霸朝，豫谋世事。举才不以标鉴，故人亡而后显；筹画不以要功，故事至而后定。虽亡身明顺，识亦高矣。"

正因如此，所以曹操最后没有如愿以偿地当上魏国公，是怕自己百年之后到地府无法面对荀彧的追责。

孙策善于棋，张飞精于画，而荀彧则喜好熏香，据坊间流传，荀彧平日好熏香，因此每次去友人家做客离去后三日里清香不散，久而久之就有了"荀令衣香"一词，专门用来形容清新淡雅、人淡如菊的翩翩君子。

沧海横流，玉石同碎，建安十七年（212），减尽荀衣昨日香的荀彧最后看了一眼窗外西边那暮暮西沉的落日，含泪而亡。

有很多人对裴松之所引注的《魏氏春秋》中所记载的曹操送给荀彧空饭盒一事有异议，认为并非属实，有待考证。

如前文所述，荀彧之死与曹操是脱不了干系的，而且是必然，有因必有果，所以无论曹操最后送的是什么，荀彧最后的结果都是一死。

因此，对于《魏氏春秋》中的记载是否属实，其实没有必要去追究。

但既然我们这部书是专门写荀彧的，就应该将与荀彧有关的所有事情、人物都说清楚，因此对于这个问题我们还是得来说一说。

《魏氏春秋》原文记载是这样的："太祖馈彧食，发之乃空器也，于是饮药而卒。咸熙二年，赠彧太尉。"

有人认为"盒"所代表的就是"合"的意思，也就是"闭嘴"的意思，是曹操想让荀彧在自己要当魏国公加九锡这件事情上闭嘴；也有人认为空盒饭就代表着"没有"的意思，这也就是说明，此时的荀彧对于曹操已经没有什么价值了；另外，还有一种比较腹黑的猜想，认为当时曹操派人送去的并不是空饭盒，里面是有东西的，只不过这东西既不是食物，也不是信，而是一瓶毒药。

以上这些解释都是各执一词，不能说百分之百地对，但也不能说毫无道理。

对于荀彧个人而言，他生于汉地，忠于汉室，他的一些做法都在情理之中，他二十一年里看似是在为曹魏集团建造一个不朽的巨塔，实则是在为整个汉室江山的复兴之路做铺垫。

直到曹操送给他空饭盒的那一刻，他明白自己二十一年来守护的汉室已经永远不可能再恢复到过去的辉煌，所以最后他愿意用自己的死与大汉王朝共存亡。

作为后来人的我们，也许在读到荀彧之死时，脑海中或许会不自觉地浮现出两个完全不同的鲜活人物，那就是荀彧和曹操。

荀彧是一脸洒脱从容，举止间张弛有度毫无做作；而曹操则却是一脸凝重，神情间充满了忧伤和矛盾。

曹操在心里不断地在问自己一个问题："逼死荀彧到底是对，还是错？"

对于荀彧来说，"死"虽然是一件可怕的事，但在面对政治正确的原则被无情践踏，无力做出更进一步改变的时候，为了做最后的抗争，证明自己孑然一身不入污泥沼泽却是一种不错的选择。

在人的一生中会遇到各种各样的选择，有的是对于事业，有的是对于爱情，也有的是对于理想，任何人都不能例外，荀彧也是一样。

当曹魏与大汉这两个阵营他必须选择一个的时候，他只能选择后者，因为那是他活着的动力和根本，他必须坚守到底，至死不渝。

死无疑是最直接、最有效的解决方式，至少能使输的人输得漂亮些，留下后世千年的忠烈美名。

无疑，荀彧想用自己的死对曹操做个最后忠告。

而对于曹操而言，荀彧的死虽然消除了他上升的障碍，却无形中又在他心里种下了一个更大的障碍，他原本也许并不是想要这样的结果，可能更多地是想让多年来并肩作战、风雨同舟的老伙计再支持自己一次，也想通过荀彧来试探一下天下士族的态度。

四、意想不到的结局

"宁教我负天下人，休教天下人负我。"

虽然荀彧的离去对于曹操来说很难过，也许在某个夜深人静、月色阑珊的深夜辗转反侧之后还会难过，但眼前这该走的一步他还是要坚定地迈出去，因为巅峰的那张宝座实在太诱人了。

不得不说"权力"这个游戏，的确会使人着迷并最终失去自我。

可残酷的现实毫不留情地给他了一记大耳刮子，他最后的这一步棋已经踩到了士族的底线，永远无法得到士族们的支持。

荀彧之死不但令荀氏一族对曹操产生了极大的忌惮和惊恐，同时给荀氏一族是否继续与曹魏精诚合作给出了答案，甚至也给整个颍川士族是否要继续与曹魏集团合作都带来了巨大的挑战。

这是一个很严重的问题。

我们知道，虽然这个问题的矛盾激化点在曹操活着的时候并没有表现出来，但是这块印记却已深深烙在了每个人的心里，使整个颍川地区以荀彧为标杆的士族有了种兔死狐悲、唇亡齿寒的凄凉萧瑟意味儿。

等到荀彧去世之后，颍川士族们的希望自然就转移到了荀彧的女婿陈群与钟繇两人的身上。

当然，之后谁也没有想到历史居然跟大家开了一个很大的玩笑。

后来的曹魏掌控政权的同时，居然悄无声息地滋生出司马懿这种鹰扬之臣，并且司马家的撑场速度超过了所有人的预期，最后曹魏政权就如当年摇摇欲坠的东汉一样被司马家一点一点地吞噬殆尽。

荀彧死于东汉建安十七年（212），而司马家取代曹魏政权建立晋朝是在公元 265 年，这中间仅仅过去了五十三个春夏秋冬，就又变了天地。

可以说，在整个曹魏集团中颍川士族是个关键的存在，而作为颍川士族风向标的荀彧又直接影响着整个颍川士族的选择。

对于这样一个有影响力且对自己有极大帮助的人，曹操最终还是没能留住，反而因与其在政治上的分歧而将对方逼死，不得不说，这步棋走得实在是太糟糕了，这直接导致了颍川士族在曹魏阵营中的凝聚力降低，也给后来的司马家族篡权无形中制造了一个绝好的条件。

纵观荀彧的一生是光辉而灿烂的，同时也是极具有悲剧色彩的，在他短暂的五十年生命中始终抱着匡复汉室的重要使命。加盟曹魏集团，成为曹操的合伙人，为曹操修订战略方针，推举、挖掘人才，居中持重处理政务镇守大后方长达数十年，所有的这一切其实都是在为重塑一个坚不可摧的庞大汉室帝国的稳固打基石。

但也正因为他的这份对汉室的忠诚，所以才为日后的灾祸埋下了祸根。

在权力越大野心也越大的曹操面前，忠心汉室的荀彧变成了最大的障碍，除去曾经与他风雨同舟、携手并进的好搭档荀彧成了他不得不做的一件事儿，真是伴君如伴虎，跟庄如跟狼。

不过，五十多年后曹魏政权最终还是被司马家所取代，历史再次重新洗牌翻开新的篇章，这是曹操到死也没有想到的事儿。

假如曹操的野心没那么大，懂得见好就收、适可而止；假如荀彧最后没有百念皆灰、含泪而亡的话，说不定整个东汉末年包括之后的华夏历史将会被重新演绎。

可惜的是这世界上没有"如果"，已经发生的历史不可能被改变。

最后，用一句老话来做总结：苍天可曾饶过谁？

尾 声

在前面的章节里，笔者用大量的文字论述了荀彧之死的前后经过以及相关因果。

但一切并没有结束，荀彧之死给我们带来了很多的思考，而他的死也给后来曹魏政权在五十多年后的倒塌以及司马家族的全面兴起造成了一定影响。

众所周知，荀彧作为曹操的最佳拍档，对于曹操来说非常重要，如同蜀汉政权中的诸葛孔明。

因此很多新的问题就出现了。

在荀彧去世之后，他的子女命运分别如何？

作为他的侄子荀攸对待荀彧的死又是什么样的态度？

他生前一心提拔的女婿陈群，为什么会与他的政治理念不同？

昔日同朝为官，地位和实力与荀彧同样重要的贾诩究竟是个什么样的人？他与荀彧的差别在哪里？

最后，荀彧既然号称曹魏第一谋臣，那么和三国史上的红人、蜀汉政权里的第一谋士诸葛孔明比起来究竟谁更胜一筹？

以上这些问题，笔者在此章节中依照先后顺序逐一说明。

一、荀氏子孙的结局

大家都知道荀彧出生于颍川的士族之家，是荀子的后人，既然是名门之后，那他的子女自然也不会差到哪里去。

虽然荀彧最后的死与曹操有着莫大的关系，但在中国古代社会大家都是看重名声的，尤其像曹操这样的人更加注重自己在别人口中、心中的形象，因此荀彧死后曹操自然不会亏待他的子孙。

荀彧一共有六个儿子，其中一个早夭，活到成年的五个儿子分别是长子荀恽、次子荀俣、三子荀诜、四子荀顗以及幼子荀粲。（荀彧除了儿子还有女儿，但女儿在史书中只有寥寥几笔零星记载，因此本文直接略过，不费笔墨书写。）

首先来看看荀彧的长子荀恽。

在之前的章节中我们曾经提过曹操与荀彧结亲家，将自己的女儿嫁给了荀彧的儿子，而这个儿子正是荀恽。

荀恽生于东汉初平四年（193），是魏国的开国大臣，他的老婆是曹操女儿，也就是后来的安阳公主。荀彧离世之后荀恽继承了父亲的爵位，而后又被曹操封为"虎贲中郎将"，与曹植关系很好，因此后来曹植失势后他便受到了曹丕报复性的打压，最终在魏文帝黄初三年（222），由于体弱多病不幸离世，年仅29岁，这与他父亲荀彧当年加入曹魏集团时的年纪恰巧一样。

再看荀彧次子荀俣。

荀俣，字叔倩，也许是遗传了荀彧的优良基因的缘故，荀俣成年后也和父亲荀彧一样成为了东汉末年著名政治谋略家，官至御史中丞，在当时这已经算得上是很重要的职位了，这一官职主要负责管监察和弹劾。

可惜的是荀俣活得并不长，年纪轻轻就去世了，其中具体原因不得而知，史书中并无记载，各位看官可以自行脑补。

据说荀俣生前思维缜密，逻辑清晰，最擅长的就是与人辩论，常常以一敌百、舌战群雄，有周星驰在《九品芝麻官》中的那种威猛潇洒的气势。

再看荀彧的三子荀诜。

荀诜，字曼倩，官至大将军从事郎，他对法律条文很有研究并且有着自己独到的见解，曾经与司空陈群、散骑常侍刘邵等人一起参与编修法律，制定《新律》十八篇，《州郡令》四十五篇，《尚书官令》《军中令》等，一共百八十多篇，傍采汉律，定为魏法。

荀诜在当时的社会中是个颇有知名度的人物，在百姓中有着数量可观的追随者，只可惜身体不好常年患病，年纪轻轻就告别了人世。

荀彧的四子荀顗。

荀顗，字景倩，是司马家族开创西晋朝的开国元勋，因在家兄弟姐妹中排行第六，所以也被称为第六子。

关于他的事迹史书中记载得比较多，我们可以多说一些。

荀顗博学多闻，理思周密，少年时曾被自己的姐夫陈群所赏识，是个方圆百里有名的大孝子，曾经因母亲故去而辞官返乡吊唁，到家时已经悲伤过度不能自已，十里八乡的亲朋好友都称赞他。

当时这件事儿传到了司马昭耳朵里，于是便启发了司马昭，司马昭立刻上奏朝廷，要求按照汉太傅胡广为母亲办丧事的规格为基准，给司空设立殡葬礼仪仗随从规格，后来在司马昭不厌其烦地召唤下荀顗终于回归朝廷继续做官。

三国曹魏政权咸熙初年（264），魏元帝曹奂将荀顗封为临淮侯。

后来，司马家取代曹魏建立了西晋，荀顗又被晋升爵位为公，食邑一千八百户，随后司马炎又下诏说："昔禹命九官，契敷五教，所以弘崇王化，示人轨仪也。朕承洪业，昧于大道，思训五品，以康四海。侍中司空颢明允笃诚，思心通远，翼亮先皇，遂辅朕躬，实有佐命弼导之勋。宜掌教典，以隆时雍。其以颢为司徒。"

荀颢与司马家关系很好，据说司马懿视他如亲生骨肉一般，而后来的司马昭跟他的关系更是比亲兄弟还亲。

有一次，司马昭带兵讨伐蜀汉的诸葛诞时，荀颢就如同自己的父亲荀彧为曹操镇守大本营一样为司马昭坚守着大本营，使得司马昭在前线作战毫无后顾之忧。

在西晋王朝初期荀颢一直扮演着重要角色，是司马家族坚定的支持者，可谓是功不可没。

司马炎建国后封其为太尉、侍中等职位。

荀彧的幼子荀粲。

荀粲，字奉倩，三国时期曹魏政权的大臣，是当时著名的玄学家。

荀粲作为曹魏集团二把手荀彧的小儿子，自小就有些与众不同，少年时聪慧过人，对当时社会遵从儒家思想有着自己独到的见解，并身体力行，贯彻始终。

除此之外荀粲平时的业余爱好就是辩论，小时候喜欢与自己的兄长辩论，长大了经常和外人辩论，常常将对手说得哑口无言，上气不接下气，可谓是铁齿铜牙，舌绽莲花，辩论圈儿的一把好手。

有一日，荀粲在家中与自己的几位兄长一起讨论儒家思想，兄弟几人虽各抒己见，但大致表达的思想都是一致的，唯独荀粲说出了不同的看法，立场颇为新颖。

荀粲认为子贡所述的圣人对于人性、天道的所有理解是圣人通过人生阅历总结出的经验，这种经验需要后来人用身体力行同样的人生经历求体会，如果只凭借文字和言传身教这两种方法是无法很好传达透彻的。

此外，他还指出，后来人谁都将《诗》《书》《礼》《易》等书籍视为圣人经典，反反复复对其进行深层研究，但大多时候还是不能够很好地理解其中的天地大道，因为这些所谓的经典只是圣人通往大道时所抛弃的废物而已，并非真经。

除了辩论之外，荀粲还有一项爱好，那就是和这世界上的大多数男人一样喜好美色。

当时骠骑大将军曹洪的宝贝千金是天下出了名的吹弹可破、肤白貌美大长腿，有着一大批来自各个阶层的追求者，每回出门坐马车，车后总会跟着一大堆老爷们儿和小伙子。

荀粲因为父亲荀彧的关系，所以自然比一般人幸运得多，在一场贵族青年男女的派对中有幸得见其芳容，从此便对此辗转反侧，念念不忘，立誓要将这美人儿娶回来做老婆。

当时有人提出了质疑，认为他只是一时冲动，并非真的喜欢曹洪的女儿。

而荀粲却说出了一句名言来作为最有力的反驳，他说道："一个女人是否有才对于我来说都不重要，只有美丽的容颜才能吸引住我。"

当时荀家人知道荀粲有这样的想法后极力反对，可是荀粲在感情方面却偏偏是个脾气很倔的人，别人越是反对的他越是要拥护，别人越是拥护的，他反而要反对。最后，在他不懈努力下终于成功赢取了曹洪女儿的芳心，并成功将其迎娶为妻。

其中当然离不开曹氏家族与荀氏一族多年来密切的关系，尤其是曹操与荀彧的关系。

漂亮的女孩子都是爱打扮的，像曹洪的女儿这样的顶级大美妞儿更是不例外。

婚后，荀粲这位新婚美娇妻的打扮更是不减当年，从头饰、项链到服装、鞋子，再到随手拿的香包无一不是当时流行的款式和大牌货，生活品质十分精致，夫妻两人过着神仙眷侣般的恩爱生活，羡煞旁人。

荀粲是荀彧五个儿子中唯一一个没有涉入庙堂的，也从来没有经过商——因为他家的钱已经够他花了。

因此，婚后小两口快快乐乐过了几年游山玩水的生活。

只是好景不长，仅仅几年的光景，荀粲的这位美娇娘便染上了重病不治而亡，而荀粲也因失去了妻子而过度伤心，整天茶不思，饭不想，郁郁寡欢，最终忧郁成疾也驾鹤西去了，年仅二十九岁，这个年纪正巧与他的父亲荀彧当年加入曹魏集团的岁数惊人地一致。

如上所述，在荀彧死后，也许是出于愧疚，曹家对荀彧的五个儿子总体来说还是不错的，并没有弃之不顾或驱赶发配，只是由于个人的命运和机缘不同，荀彧的这五个儿子因而也有不同的命运。

毕竟颍川荀家是天下士族们的领头羊，虽然荀彧之死给众人带来了不小的冲击，但当时曹操的内心一定是觉得，只要对整个荀氏一族好一些自己就能挽救这步败棋。

在当时的局势下，曹操能这么想并付出行动已经算是很不错了，但俗话说得好："天道轮回，老天又曾饶过谁？"

前面我们提到过，荀彧的四子荀顗一直与司马家走得很近，尤其与司马昭形同兄弟。

其实，在父亲荀彧去世之后，荀顗就走上了一条复仇之路。

荀顗之所以与司马家交好，其目的就是想靠着司马家这棵日渐茁壮的大树来扳倒不可一世的曹魏。

他就像昔年的勾践一样卧薪尝胆，为的就是等待最佳的机会能将整个曹魏集团建立的政权连根拔起。

前面我们提到过，荀颢这个人是个孝顺、学识广博并且思维极其周密的人，因为姐夫陈群的关系也很顺利地踏上了仕途进入明争暗斗的庙堂，并且一路顺风顺水，扶摇直上。

曹魏政权的魏少帝曹芳时期，他便机缘巧合得到了司马懿的赏识而名声大噪，一路高升，年纪轻轻就坐到了骑都尉的位子上。

后来在宗亲曹爽独揽大权的阶段，满朝文武百官几乎有一半都遭到了迫害。

荀颢作为荀彧之子、颍川士族大家庭中成长起来的新生代，其自有一种正义感，对曹爽的这种做法相当不满。

曹魏政权正始十年（249），司马懿发动高平陵政变，荀颢为其出谋划策，最终助司马家顺利地扳倒了曹爽。

曹魏政权正元元年（254），独揽朝中大权的司马师废除了年少的小皇帝曹芳，立曹髦为帝，这一举动令许多对曹家忠心的大臣十分不满，认为这是要篡权的前兆。

处于腹背受敌、四面楚歌的局面，又是荀颢站了出来，为司马师出言献策，以后发先制的策略将淮南的文钦等人所领导的打着"清君侧"名号的部队，给挨个按在地上摩擦了数十遍，最终将其剿灭。

正是由于荀颉在这场政变中始终坚定站在司马家一方，为司马家立下了大功，司马家便对他更加信任，从此便将他视为军师一般委以重任。

此后，荀颉便进一步引诱司马家族对曹氏一族实施"一网打尽"的行动，直接导致取汉而代之的曹魏政权，才过了四十五个春秋便潦草收场。

西晋王朝建立后，荀颉被升为司徒、加侍中、太尉等要职。

曹操也许到死也不会想到，因为自己一时贪权最终引来"蝴蝶效应"，害得后代子孙无处安身，最后只能流落他乡。

不过让人感慨的是，在荀彧死后，曹操一直抱着对荀彧乃至整个荀家的愧疚不敢称帝，哪怕最后当上了魏王也始终不敢踩踏底线。

二、不敢称帝的曹阿瞒

东汉建安二十四年（219），孙权袭取荆州，擒杀关羽，吴、蜀这两个割据势力政权结下了大仇，曹操为了给昔日战友孙坚儿子站台，特意上表朝廷封孙权为骠骑将军、荆州牧。

而另一头的孙权则派人上京，表面上是向傀儡皇帝刘协称臣，实则是借机劝曹操称帝，取汉而代之。

赶巧不巧，这个节骨眼儿恰好也是曹系一派的重臣们劝谏曹操称帝的时候。

曹操内心虽然也早已有了这念头，但一想起荀彧的死，他还是觉得愧疚万分，于是咬着牙，顶着压力，回绝了包括孙权一方在内所有人的劝谏。

荀彧当初就因为自己要做魏国公跟自己闹掰了，选择了自尽，现在孙权等人前来劝谏分明是要将自己往火坑里推。

也许当时的曹操不是没有想到，一旦自己或子孙踏破了底线取汉而代之，天下有可能会逐渐归为一统，也有可能从此乱象丛生，狼烟不断。

对于此等景象曹操不敢去想，毕竟自己当初起家的初心是复兴汉室，如今汉室天下在他与荀彧两人的努力下算是保住了，而自己并没有那个做帝王的命，做个异姓王就算是命数到头了。

正是由于这种对自我的清楚认识，才使曹操到死都没有越过底线。

但我们也要知道，作为东汉末年杰出的政治家、军事家，在面对政治利益这个人生中最大的诱惑时，曹操本人是没有私心也不敢有私心的，不然张邈、袁绍、许攸等曹操曾经的一票老友们也不至于排着队被他挨个"删除"。由此可见，他绝对不会，也不会允许私人情感来影响自己的判断，不然像张绣这样曾经杀死过自己儿子的仇人，也不会得到他的重用。

一个戎马一生敢公然指使天子封自己做魏国公，加九锡的政治人物自然是冷血的。

至于不称帝的理由就不仅仅是因为荀彧之死所带来的愧疚感这么简单了。

其实当时曹操不称帝还有一个重要的原因，那就是称帝的难度系数实在太大。

虽然这个阶段曹操统一了北方，汉献帝刘协也被他牢牢地把控在手里，但是由于大汉朝建国的年限实在太久了，西汉加东汉四百多年，在百姓的心中已如烙印一般挥之不去，加上天下所有士族门阀的鼎力支持，曹操要想废帝自立，即便能做到，估计下场也和袁绍的弟弟袁术一样，最后成为路边冻死狗一条。

正因为考虑到这种无法越过的障碍，所以曹操最后选择了一个变通曲线的方法，即假借汉献帝刘协的名义封自己为"魏国公"，在大汉国的国土上再建立一个国中之国。

这种方式并不是曹操首创，遥想西汉末年王莽篡汉用的就是这个法子，唯一不同的是，曹操并不是"拿来主义"原样照搬，而是在原有的基础上又改进了不少，逐步向着权力的最高峰迈进。

为了把风险降到最低，曹操自始至终都将富饶的冀州地区牢牢控制在自己的手里。

只可惜，人算不如天算，在曹操生命的最后时刻，他自知时日不多，因此将废帝登基的重大使命交给了儿子曹丕来完成。

所谓"下棋看三步"，曹操也许看到了第三步，却最终忘了另一个"唇齿相依"的道理。

大汉王朝就如同是"唇"，而以颍川荀氏一族集团做代表的士族阶级就是"齿"，"唇"既然没了，"齿"还能继续存在吗？

三、微妙的叔侄关系

大家都知道荀彧和荀攸是叔侄关系，在荀彧死了之后，可以说对曹操最大的威胁，最有可能向他实施报复的就是荀攸了。但为什么在荀彧去世之后，谋权夺利的曹操始终没有向荀攸下手呢？

是心里觉得愧疚舍不得杀，还是荀攸本身对于曹操来说还有更大的利用价值杀不得？

而且，更令人想不通的是，在荀彧死后仅仅两年后荀攸也突然撑不住了，草草放下了一切就驾鹤西去了。

由于荀攸离世的时间点与荀彧的死仅仅只有两年，因此不少人开始怀疑其中缘由会不会跟荀彧的死有关。

要讨论这个问题，我们首先要知道荀彧与荀攸这叔侄两个人虽然都在曹魏集团里，但两人的职能是完全不同的。

在上面我们曾提到过荀彧擅长于治国安邦，在曹魏集团的二十一年里常年作为"贤内助"为曹操镇守大本营，确保了后方的安全，使得曹操能够安心地在前线作战；而荀攸则擅长用兵战略，是一个不折不扣的军师型人才，所以他常年跟在曹操身边征战四方，为其出谋划策。因此叔侄两人这种"文有荀彧，武有荀攸"的搭配便形成了曹操的左膀和右臂，使得曹魏集团一路顺风顺水地征战四方，最终统一北方。

但为何在荀彧死后曹操没有将最容易向自己报复的荀攸也一并除去，而是继续留在身边委以重任呢？

要知道荀彧与侄子荀攸都是顶级的谋士，有了这两人曹操就犹如天助一般，至于曹操间接将荀彧逼死一事儿，荀攸心里自然也明白是怎么回事儿，并且以荀攸在曹魏集团的地位那也是非常重要的，一旦他转变风向投靠他人的势力反过来对付曹操，对于曹魏集团来说无疑是致命的一击，在建安十三年（208）曹操杀孔融之时，为了防范其家属日后翻身向自己复仇，所以一不做二不休将孔融全家老老少少杀得干干净净。

这里顺便说两句关于曹操杀孔融的前后始末，免得个别对这段历史不是很了解的朋友看得云里雾里的。

　　孔融与曹操关系破裂直至最后闹翻分为两个阶段。第一个阶段是在建安二年（197），这一年袁术称帝，一时引得天下各处大小军阀一片谩骂，曹操想趁机除掉与袁术之前有联姻关系的杨彪，断其左腕，而孔融在听说这件事后，立刻跑去见曹操，当着曹操的面直言不讳地说道："你不能因为想对付袁术而拿杨彪来开刀，正所谓'祸不及妻儿'，更何况杨彪与袁术只是有联姻关系，并不是真正实质上的血亲，这样做是有悖天理的。"

　　曹操被孔融这样直言不讳地指责当然很不高兴，但表面还要讲究个体面，于是找了个理由说道："我只是借机吓唬袁术一下，并没有真的要动杨彪的意思。"

　　孔融是何等人，当然不会相信曹操的这种借口，于是和曹操争辩起来。

　　曹操争辩不过孔融，于是放弃了对付杨彪的心思，但事后想起孔融和他争辩时那种步步紧逼、寸步不让的势头，心里很是不爽。

　　第二个阶段是在建安四年（199），官渡之战开战的前夕，当时曹魏集团高管们正在对要不要与袁绍开战的问题和荀彧两人进行针尖对麦芒的激烈争论。

　　其实这个时候，曹操心里已经有了向袁绍开战的心思了，开会讨论的目的只是想得到周围人的一致肯定，但令他怎么也没有想到的是，孔融这时候站出来表示强烈反对与袁绍开战。

其实当时的孔融有这样的反应是很正常的，第一，他自身不具备荀彧那样高瞻远瞩的战略性眼光，想的问题比较局限，格局小，对于曹、袁之间的战争缺乏自信；第二，是他自身与袁绍两人的交情很深，因此有意不想让曹、袁两人开战，故意拆曹操的台，散播失败论调。

不管孔融当时处于哪种情况、哪种状态，公然地和曹操唱反调是让曹操很不高兴的，因此曹操对其动了杀心，之后不仅杀了孔融本人，连他的家人老少也不放过，可见对其恨之入骨的程度。

所以，对照曹操杀孔融的不留情面，再来看看对待荀氏族人的态度就能感到有明显的不同。

有人说荀彧、荀攸两人虽是叔侄关系，但私下关系却并不怎么好，因此当四十九岁的荀彧被曹操逼死的时候，作为侄子的荀攸竟然没有任何反应。

其实这一观点很片面。

因为据裴注《三国志·荀彧传》中所记载："太祖欲表彧为三公，彧使荀攸深让，至于十数，太祖乃止。"

建安十二年（207），当时的曹操曾一度想让荀彧来做三公（司空、司马、司徒的统称）。

而此时的荀彧并不想担任这个职位，但是当时曹操并不在首都，自己回信拒绝又怕起误会，于是便让侄子来当中间的说客，希望能让曹操收回成命。

荀攸为了叔叔的事儿前后跑了不下二十趟，最终才使得曹操打消了念头。

如果荀彧与荀攸叔侄俩关系不怎么样的话，像这种吃力不讨好的活儿，荀彧为什么不找别人？

能将此事交由荀攸来做，这代表了荀彧对荀攸的极大信任。

换句话说，如果荀攸和荀彧关系不好的话，压根儿也不会答应去替荀彧摆平这事儿，因为在仁义礼智信的中国古代，不接受上级领导的任命安排和造反没什么区别。

所以，正是由于荀彧对荀攸非常信任，而荀攸也非常清楚荀彧的为人，所以才会不厌其烦地去替荀彧当说客。

而且，正如我们在前面一直强调的那样，在整个曹魏集团的中后期是由荀彧主内、荀攸主外的形式构成的整个曹魏智囊团，因此二人彼此之间的交流不会少，而且还会里外配合，默契不少，荀彧给曹操制定战略规划及方针，荀攸为指挥部主谋，为曹操提供实际战术。

荀攸当初能加入曹魏集团，可不仅仅是被曹操信里的言语触动了心，更多的还是相信叔叔荀彧的眼光，既然荀彧都加盟曹魏集团了，那就证明了曹操其人的确是有实力的，要知道当时荀彧的同胞兄弟荀谌可还在袁绍集团里工作呢。

至于荀彧最后被曹操逼死，而荀攸默不作声的态度，笔者自己的解读是，当时的荀攸不可能一点儿反应没有，只是迫于以下几点原因：第一，荀攸比叔叔荀彧还要大几岁，当时的年纪已经很大了，估计这会儿的荀攸也已经感觉到自己没几年寿命了，即便当时他有想法也已经没有足够的精力和体力来运筹帷幄了；第二，荀攸和叔叔荀彧的政治理念不同，他并不像荀彧那样对摇摇欲坠且腐朽不堪的汉室那么死忠，而且荀攸的为人向来比荀彧圆滑。

当时荀攸肯定早已猜到了曹操的心思，鉴于当时曹操那种神挡杀神、佛挡杀佛的架势，不如干脆顺坡下驴，顺水推舟，他不敢有任何表态，有什么不满也都只能搁在肚子里了，因此曹操也找不到杀他的理由。

而且荀攸并不像孔融那样不懂得变通，他为人处世非常灵活，辅佐曹操期间从来没有与其发生过任何争执，即便有时候曹操在决策上犯了错误，荀攸也只是侧面地提醒一下，点到即止，并不会像孔融那般得理不饶人。

赤壁之战就是一个很好的例子。

当时曹操下令将所有战船用铁链牢牢地拴在一起方便集中火

力攻敌。

老实说，这种策略是有利于提高全军战斗力的，尤其是在曹军号称有八十万军队的情况下，更有利于用阵势恐吓住对方，但也有缺点，那就是一旦风向改变，敌军利用弓弩点火的方式进攻的话，无异于全军成了活靶子。

荀攸已经看出了这一点，于是善意地提醒曹操，可曹操当时的态度却很坚决，并笃定风向不会改变，荀攸见曹操态度如此坚决，自己也不好再说什么，于是选择了沉默，结果这场战役的最终结局大家都知道了，果然如荀攸先前预料的一般，风向改变使得曹军一方惨败收场。

虽然吃了败仗，但曹操并没有责怪旁人，更没有为难荀攸，而是将罪责都揽在了自己头上。

正是由于荀攸是个懂得审时度势的人，所以才使得曹操没有对他下手，反而比之前更加委以重任。

这里要说一句，根据正史中的记载，建安十九年（214）秋，荀攸跟随曹操南下讨伐孙权，在路途中不幸离世，这种死法属于年事已高，正常去世，只是这个时间点离荀彧去世仅仅隔了两年而已。

四、贾诩的命运

说起贾诩这个人，你也许不会把他与君子如玉、温文尔雅的荀令君联系在一起。

没错，从严格意义上来说贾诩此人并不属于颍川士族集团的人，而且在跟随曹操之前曾经跳槽过好几个集团，换过无数个工作，先后分别做过李傕、郭汜、段煨、张绣等人的谋士，而且两次献计击退过曹军，后来随张绣投靠了曹操。

可以说，贾诩加入曹魏集团纯属巧合，与荀彧毫无关系。

但既然《三国志》里陈寿先生将他与荀彧放在一个系列当中，就证明贾诩与荀彧的能力是不相上下的，更何况贾诩与荀彧同朝为官那么多年，能在曹魏集团里扶摇直上，顺风顺水，一路升官，这些都和二当家荀彧是脱不开干系。既是如此，笔者认为贾诩自然有必要拿出来说一说。

刚加入曹魏集团的贾诩并未引起大家太多注意，直到官渡之战时，力主决战，他才渐渐脱颖而出，而后在赤壁之战前夕主张先安抚百姓，曹操与关中联军对峙于渭南时，他主动向曹操献计，离间马超与韩遂之间的关系，助曹操顺利摆平关中地区。

在这里我们可以根据现有的史实资料来做一种推测，也许从刚加入曹魏集团的那天起，贾诩就已经被集团内部的所有高管盯上了，毕竟是投诚来的降将，一举一动被人注意着是很自然的事儿，这些人里自然也包括荀彧。

我们在之前的章节里提到过，荀彧在曹魏集团工作的二十一年里，其主要工作除了镇守大本营处理政务外还有一项重要的职责，就是充当集团内部的猎头，为集团选拔、推荐、挖掘人才。

只要是有真才实学的优质人才，不管对方出身和地位如何，都不会被荀彧错过，贾诩自然也不例外。

虽然贾诩这人名声不好，有很多诟病，人送外号"毒士"，为人处世常以不留情面和不择手段著称，但架不住有冷静的思维和高超的智慧，"无论黑猫白猫，只要抓到老鼠就是好猫"这句话用在贾诩身上一点儿也没有错。

荀彧自然也是看到了这一点，所以才会以集团二当家的身份明里暗里给贾诩不少施展才华的机会。

随着贾诩在曹魏集团内部地位的提高，他与荀彧两人的来往自然也不会少，直至两人并驾齐驱。

当时荀彧主张奉主上以令不臣，而贾诩主张据北方以图天下，可以说正是这两条主张奠定了日后曹魏统一北方占据当时中国二分之一土地的局面。

然而，随着荀彧的离世，不仅是颍川士族，包括曾经被他举荐、挖掘进集团的人才心里都难免笼罩了一层阴影。

贾诩自然也不例外。

虽然贾诩不是荀彧直接推荐的人才，但毕竟两人同朝为臣不是一两天了，相互之间就算没有达到革命般的友谊，也至少会有英雄惜英雄的时候。

荀彧的死肯定也会对贾诩带来一些恐慌和警示。

那么，在荀彧死了之后，作为生前的同僚，贾诩的命运又如何了呢？

其实，贾诩在荀彧离世之后一直过得很不错，虽然后期的他在曹魏集团并没有任何明显的功绩，但随着工龄的增长，官位却稳定增长。

建安二十二年（217），当时的曹操虽年事渐高，但一直还没有明确由哪个儿子来做继承者。

当时在曹操所有儿子里数曹丕与曹植名声最旺，俩人私下里的较量也是众人心知肚明的。

曹丕当时还是五官将，名声和地位都比曹植略低一等，为了能将自己的弟弟曹植彻底比下去，曹丕当时就暗地里请贾诩帮着出谋划策。

贾诩在官场混迹多年，这点儿小动作还看不明白吗？于是便回复道："原将军恢崇德度，躬素士之业，朝夕孜孜，不违子道。

如此而已。"

这句话说得相当隐晦,意思就是说:"希望你能够发扬道德的光辉,气度放大一些,低调做人,高调做事,不要做违背仁义道德的事情。"

这句话表面看似平淡无奇,实则内藏玄机,至于是什么玄机,大家自己领悟吧!

但曹丕是什么样的人物,那脑袋瓜子跟马达一样,转得可比一般人快多了,当即就领悟出这句话里的深层意思,之后成功将弟弟曹植打败,得到了继承曹操大位的机会。

曹魏政权黄初四年(223),贾诩去世,享年七十七岁,谥号为肃,配享魏文帝庙庭。

这个年纪在古人来说已经算是标准的长寿了。

在《唐会要》中记载:"魏晋以贾诩之筹策、贾逵之忠壮、张既之政能、程昱之智勇、顾雍之密重、王浑之器量、刘惔之鉴裁、庾翼之志略,彼八君子者。"

由此可见贾诩的智慧在曹魏智囊团里可不是一般的高。

所以,他与荀彧在曹魏集团的分量可以说是不相伯仲的。

纵观贾诩的一生,前半段由于频繁跳槽因而被史学家所不屑,而在荀彧去世之后,更没有明显出彩之处,只能说是明哲保身而已。

但在《三国志》里，陈寿先生既然能将他与荀彧这样温润如玉的君子并列在一传中，必定还是有他的出彩之处的。

当然，这里必须说明的是，荀彧与贾诩虽然都是曹操身边的谋臣，但从本质上是属于两个世界的人。

荀彧的能力在于他加入曹魏集团，使得本来没资源、没人脉的曹魏一跃成为屈指可数、不容小视的力量，在那二十一年的工作生涯中他处理内政、推荐人才，修订战略方针，为曹操解决了后顾之忧，对曹魏集团可以说有很大的影响。

而贾诩擅长的是战术谋划，官渡之战、赤壁之战、渭南之战，都是很好的例子，但贾诩此人又没有明显的政治诉求，尤其是在后期，只想自保，这与荀彧有明显不同。

贾诩无意中参与了世子之争，但由于过于低调才幸免于难，没有落到与荀彧那般的下场，这一点估计也是他从荀彧之死中吸取的教训，很好地保护了自己。

在争权夺利的政治舞台中能做到这一点，足以证明贾诩的智慧。

荀彧与贾诩这两个人之所以有不同的结局，完全是由于两人的选择从一开始就不同，荀彧始终是汉臣，借着与曹操创业打拼天下来服务于刘氏汉室江山，而贾诩没有坚定的政治立场，关键时刻选择明哲保身。

所以，像荀彧这样的人，做出这样的选择，值得后来的我们敬仰膜拜，因为这种价值观属于高尚而完美的。

无论是在过去还是在当下，要做到像荀彧那样不忘初心无疑是很难的，而且是需要很大勇气的。

五、荀氏家族的"保护伞"

荀彧因与曹操加九锡称魏公一事而决定与曹操翻脸时，就预感到自己的性命可能会受到威胁，同时他也不得不开始考虑一个很现实的问题。

那就是，一旦他遭受迫害牺牲后，荀氏家族乃至整个颍川士族集团怎么办？该何去何从？他不能让家族甚至是整个颍川士族的风光也因此一并暗淡。

虽然荀彧在之前二十年里与曹操关系一直不错，帮助曹操将曹魏集团升级成为当时首屈一指的大企业，但他至死也没有忘记自己忠于汉室的初心，他始终是汉室之臣，他不愿意看到曾经一起风雨同舟、打拼江山的好搭档成为第二个董卓，也不愿意大汉被曹魏取代。

这个万难之难的时候他能依托谁？能指望谁？

难道是比自己还要大几岁的侄子荀攸吗？

当然不是。

是五个涉世未深，还不懂得朝堂权谋的儿子吗？

当然也不是。

在这种时候，他唯一能指望的就只有陈群了。

不管怎样，陈群也是颍川士族出身，而且陈家与荀家世代交好，在颍川也是标杆式的存在。

基于这些，所以荀彧才将自己的宝贝女儿嫁给陈群。

荀彧当时心里很清楚，即便自己最后真的被曹操逼得走投无路，那么作为自己的女婿，同时也是曹操儿子曹丕的死党，陈群到时候一定会竭力保护荀彧家族的利益。

以荀彧的智慧和荀家与陈家世代交好的关系，荀彧极有可能从一开始就清楚陈群是个什么样的人，当初将陈群挖到曹魏集团的目的很有可能有以下两点。

第一，是为了让颍川士族在集团内部的比重占得多一些，发挥颍川才子的最大能量，以强大的颍川士族的全部资源及人脉来支援曹魏集团，使曹魏集团成为大汉江山最坚实的后盾。

第二，是为了自己去世之后，荀氏家族中的后人能够继续在曹魏占主导地位而做准备。虽然在最开始时，荀彧并没有料到曹操会与自己在政治上出现如此大的分歧，但聪明人不管做什么事都懂得"凡事都要为自己留一条后路"这个亘古不变的道理。因此，无论从以上哪一点考虑，荀彧挖掘、推荐每一位有才干的顶级人才，目的都是为了整个颍川士族集团，甚至是整个大汉王朝的利益。

六、荀彧与孔明谁更胜一筹?

提到东汉末年的谋士，除了曹魏集团的荀彧外还有一位家喻户晓的名人，那就是蜀汉集团刘备手下的第一谋士诸葛亮。

荀彧当年脱离袁绍加入曹操的集团跟他一起创业，为曹操建立一个庞大的政权帝国，而刘备三顾茅庐才使得远离尘世的诸葛亮出山，最后使得蜀汉与魏、吴两家共分天下，形成三足鼎立的局面。

很显然，荀彧与诸葛亮两人都是当时整个天下数一数二的顶级谋略家。

既然如此，荀彧和诸葛亮究竟谁的能力更胜一筹呢?

在之前的章节当中，我们已经非常详细地介绍了荀彧一生，以及他为曹魏集团所做的一切，总结下来，荀彧的功绩可分为两点:

第一，洞察人心，慧眼识珠。

荀彧出生于颍川士族，早年觉得袁绍成不了大事儿因而弃袁投曹，从此开始了与曹操肩并肩的创业生涯。

后来为了集团的长久发展，又为集团不断地引进一批又一批的高端人才，使曹魏一跃成为乱世中屈指可数的大型集团。

曹操曾经说过："荀文若之进善，不进不止；荀公达（荀攸）之退恶，不退不休。"

可见当时荀彧推荐人才多如牛毛，可不仅仅只限于戏志才、郭嘉、陈群、司马懿等人。

第二，居中持重，决胜千里。

在曹魏工作的二十一年职业生涯中，荀彧绝大部分时间都是留守在京都处理政务，使常年在外征战的曹操没有了后顾之忧。

而在官渡之战中他与曹操通信，及时阻止了曹操撤兵的念头，最终使曹军等到了战机的扭转，从而大败袁绍，赢取了胜利。

此外，荀彧向曹操提过很多日后改变天下格局的意见，例如"深根固本以制天下""奉天子以令诸侯"等奇谋，拉近了曹操与汉室中央的关系，为曹魏日后的强盛奠定了基础。

这些都是史书上有明确记载的历史事件。

而蜀汉政权中的诸葛亮的功绩有很大一部分都是被后世杜撰出来的，例如：众所周知的"草船借箭"，其实是东吴的周瑜自己灵光乍现，拍脑门儿想出来的妙计，和诸葛孔明压根儿扯不上半毛钱关系；还有著名的"空城计"，其实是出自荀彧之手，是用来对付吕布的，也和诸葛亮没关系。

这些丰功伟绩都被后来人罗贯中算到了诸葛亮的头上，并且写在了《三国演义》这部旷世奇作当中，使得诸葛孔明先生光芒万丈，犹如天神下凡一般伟岸。

当然，《三国演义》这部小说本身就是捧刘贬曹的，因此刘备一方阵营中的所有成员一出场就自带光环也是情理之中，所以这个错误不能算到诸葛亮本人头上，毕竟他自己当时也没有想过后世会有一个叫罗贯中的竟然如此高捧自己。

诸葛亮在跟着刘备干的时候，并没有像荀彧那样拼命地往蜀汉集团里推举人才。可这也不能证明他没有推荐过，只是史书中没有明确记载，因此作为后世的我们也不好胡乱猜测。

当然，说到这里，也许有人会说："那马谡呢，马谡不就是诸葛亮培养发掘的吗？"

对，没错，诸葛亮的确培养过马谡，可马谡最后也死在了诸葛亮之手。

由此可见，现实中的诸葛孔明在识才方面比之荀彧还是稍弱一些的。

另外，在刘备去世之前可是托孤于诸葛先生的，可是诸葛亮本人却在刘备去世之后独揽大权，完全不给旁人一丝表现的机会，从这一点上来看，诸葛亮在用人方面又输给荀彧一筹。

当然，对于这种现象有人解释称是刘阿斗不争气，诸葛亮不得已为之，所以自己干脆以身作则冲在第一线，所有工作一把抓，完全不给旁人一丝丝表现的机会，但在某种程度上来看，这种做法实在不是一个托孤的重臣所应该做的。

再从荀彧与诸葛亮两人分别在两大集团中的地位来看，在曹魏集团，曹操对于荀彧是十分信任的，不然也不会每次出征都留荀彧镇守后方处理内务。虽然两人友谊的小船最后翻了，也是政见上的分歧所致。

而反观诸葛先生在刘玄德的蜀汉集团就完全不是这么一回事了。

在刘备那里，诸葛亮虽然也很受信任，但地位和待遇完全不能与荀彧相比。

注意，这里说的是现实中的诸葛先生而非《三国演义》小说中的诸葛先生。

刘备在攻打汉中的时候并没有带上诸葛亮，之后在与东吴对峙的夷陵之战中诸葛先生费尽口舌也没能劝住刘备不要去，最后兵败时诸葛先生也只是在一旁暗自哀叹一声："没有法正打辅助不行啊！"

综上所述，在现实的历史中荀彧的综合能力还是要略高于诸葛先生的，但这里并不是要捧荀贬诸葛，两人在各自的阵营中都是举足轻重的人物。

假如荀彧没有加盟曹魏集团，那么曹操就不可能会有"挟天子以令诸侯"的机会，也不可能打败袁绍，更不会统一北方，而刘备当初没有三顾茅庐请诸葛亮出山的话，也就不会与曹操、孙权二人并立，三分天下，那么东汉末年的历史也将会变成另一副模样。

归根结底，荀彧与诸葛亮这二人，撇开其身后的两大集团来看，个人综合能力也是不分伯仲的。

附录一

荀彧年谱

东汉延熹六年（163），荀彧降生。

东汉永汉元年（189），荀彧被举孝廉，担任宫中守宫令一职。董卓把持朝政期间，荀彧向董卓献计稳定了京城物价。后辞去官职，投奔袁绍。

东汉初平二年（191），29岁的荀彧离开袁绍转投曹操。

东汉初平三年（192），曹操任兖州牧、镇东将军，荀彧以司马的身份伴随出征。

东汉兴平元年（194），曹操出兵徐州攻打陶谦，张邈、陈宫乘机联合吕布反曹。荀彧运用智谋识破张邈、陈宫二人诡计，并献计于曹操使曹操大败吕布。

东汉建安元年（196），荀彧向曹操谏言，迎奉天子刘协，号令天下群雄。

东汉建安二年（197），荀彧向曹操分析曹操与袁绍两者之间的优势和劣势，并提出了著名的"四胜四败"论。

东汉建安四年（199），围绕着要不要与袁绍集团开战的问题，曹魏集团内部进行了一场争论，荀彧与名士孔融两人意见相左，针锋相对。荀彧主张和袁绍集团开战，坚定了曹操击败袁绍的信心。

东汉建安五年（200），官渡之战爆发，在曹军粮草短缺、士兵意志消沉之时，曹操有退兵之意，荀彧劝谏曹操坚持到底，曹操听从其建议，最终曹操赢得了胜利。

东汉建安六年（201）三月，曹操欲要率兵攻打与袁绍结盟的刘表，荀彧劝谏曹操应继续北上平定河北。同年九月，袁绍主力丧失殆尽，彻底瓦解。

东汉建安八年（203），曹操上表朝廷封荀彧为万户亭侯。

东汉建安十年（205），河东叛乱，荀彧向曹操推荐了西平太守京兆杜畿。杜畿到任后，顺利平定叛乱。

东汉建安十二年（207）三月，荀彧官位升至三公，食邑千户，共计二千户。

东汉建安十七年（212），曹操手中权力扩大，野心也在膨胀，欲要做魏国公，加九锡，荀彧表示反对，从此两人关系破裂。同年曹操出兵征讨孙权，荀彧随曹出行，途中曹操派人送荀彧一空饭盒，荀彧见状瞬间明白曹操意思，随后含泪自刎，享年五十。

附录二

人物列表（书中人物列表，不分出场顺序，只按阵营及主次排列）

曹魏集团

姓名	字	生卒	祖籍	官至爵位
荀彧	文若	163 年—212 年	颍川颍阴人	侍中 守尚书令
曹操	孟德	155 年—220 年	沛国谯县人	丞相 魏王 追魏太祖武皇帝
夏侯惇	元让	157 年—220 年	沛国谯县人	大将军 高安乡侯
夏侯渊	妙才	不详—219 年	沛国谯县人	征西将军 博昌亭侯
郭嘉	奉孝	170 年—207 年	颍川阳翟人	军师祭酒 洧阳亭侯
贾诩	文和	147 年—223 年	武威姑臧人	太尉 魏寿乡侯
钟繇	元常	151 年—230 年	颍川长社人	太傅 定陵侯
荀攸	公达	157 年—214 年	颍川颍阴人	尚书令 陵树亭侯
司马懿	仲达	179 年—251 年	河内温县人	太傅（西晋晋宣帝）
陈群	长文	不详—236 年	颍川许昌人	司空
孔融	文举	153 年—208 年	曲阜人	北海国相 太中大夫
杜畿	伯侯	163 年—224 年	京兆杜陵人	丰乐亭侯 追赠太仆
程昱	仲德	141 年—220 年	东郡东阿人	卫尉 安乡侯
董昭	公仁	156 年—236 年	济阴定陶人	司徒 乐平侯
荀顗	景倩	不详—274 年	颍川颍阴人	太子太傅 侍中 太尉 临淮公（荀彧之子）
许攸	子远	不详—204 年	南阳人	谋士

姓名	字	生卒	祖籍	官至爵位
曹洪	子廉	169年—232年	沛国谯县人	骠骑将军 乐城侯
典韦	不详	不详—197年	陈留己吾人	武猛校尉
张辽	文远	169年—222年	雁门马邑人	前将军 征东将军 晋阳侯
曹植	子建	192年—232年	沛国谯县人	陈王（曹操之子）
司马师	子元	208年—255年	河内温县人	晋景帝
司马昭	子上	211年—265年	河内温县人	大将军 晋王 追文皇帝
荀恽	长倩	193年—222年	颍川颍阴人	虎贲中郎将（荀彧之子）
荀俣	叔倩	不详	颍川颍阴人	御史中丞（荀彧之子）
荀诜	曼倩	不详	颍川颍阴人	大将军从事郎（荀彧之子）
荀粲	奉倩	210年—238年	颍川颍阴人	三国时期著名玄学家（荀彧之子）

袁绍集团

姓名	字	生卒	祖籍	官至爵位
袁绍	本初	不详—202年	汝南汝阳人	大将军 冀州牧 邺侯
颜良	不详	不详—200年	安平郡堂阳县人	将领
文丑	不详	不详—200年	不详	将领
沮授	不详	不详—200年	冀州广平人	监军 奋威将军

刘备集团

姓名	字	生卒	祖籍	官至爵位
刘备	玄德	161年—223年	幽州涿郡涿县人	蜀汉昭烈帝
诸葛亮	孔明	181年—234年	琅邪阳都人	丞相 领司隶校尉
关羽	云长	不详—219年	河东解良县人	前将军 汉寿亭侯

续表

姓名	字	生卒	祖籍	官至爵位
张飞	翼德	不详—221 年	涿郡涿县人	车骑将军 西乡侯

东吴集团

姓名	字	生卒	祖籍	官至爵位
孙权	仲谋	182 年—252 年	吴郡富春人	东吴大帝

汉末名臣

姓名	字	生卒	祖籍	官至爵位
陈宫	公台	154 年—198 年	东郡东武阳人	吕布帐下谋士
吕布	奉先	不详—198 年	五原郡九原县人	温侯 平东将军
公孙瓒	伯圭	不详—199 年	辽西令支人	易侯
张绣	不详	不详—207 年	武威祖厉人	破羌将军 宣威侯
陶谦	恭祖	132 年—194 年	丹阳郡人	安东将军 徐州牧 溧阳侯
董卓	仲颖	132 年—192 年	陇西临洮人	太师 郿侯
张邈	孟卓	不详—195 年	东平寿张人	陈留太守
袁术	公路	不详—199 年	汝南汝阳人	后将军 自行称帝
刘表	景升	142 年—208 年	山阳高平人	镇南将军 荆州牧 成武侯

东汉末代皇帝

姓名	字	生卒	祖籍	官至爵位
刘协	伯和	181 年—234 年	洛阳人	汉献帝 魏山阳公

后 记

（一）

在中华文明五千年的岁月长河中有很多慌乱又刺激的时期，汉末三国的这个阶段尤为精彩。

这个时期的各路军阀集团就如同当今社会中的大企业大公司一般，虽然叫的名称不一样，但处理问题的方式却有异曲同工之妙。

军阀头子们互相之间都在为了扩张地盘、抢占资源而厮杀；公司与公司之间往往也会因为同一个项目的利益而明争暗斗。

公司在开展一个项目前都会有项目经理人做策划，做调研评估，智库团做策略方案，整合渠道，指定公司阶段性目标；军阀集团在占领或攻打新的领地时，也会有谋士为自己服务的集团进行战前谋划，制订战时战术对策，以及指出集团今后发展方向。

老子曾经说过："治大国如烹小鲜"，同样的道理套用在三国时期军阀集团和现如今的企业公司也是如此。

可以说，读懂了汉末三国的历史，就看懂了现代大型企业的基本运作模式。

（二）

长久以来，国人都在受着罗贯中先生所著的《三国演义》的影响而尊刘贬曹，与此相对应的自然是将曹魏集团一方的人员全部划进了"黑名单"。

当我们抛开《三国演义》这本书，而重新翻开历史的书页，就会发现真相与我们想象中的还是有很大的距离。

魏、蜀、吴这三个割据政权在真实的历史中，其实扮演着同样的角色，没有所谓的好坏之分，也没有所谓的对错之分，是那个动荡的时代造就出一批又一批的军阀和野心家，又同时涌现出了一批又一批舍生忘死、忠肝义胆的英雄，大家一起在历史的舞台上扮演着自己的角色，一起推动着历史的滚轴再向前迸发。

这就是我们的历史，在不断展开新篇章的同时也在酝酿着下一步的进程。

而我们作为后来人所应该做的，就是从这些历史中不断吸取经验，创造当下的美好生活，为下一段新篇章做好迎接的准备。

（三）

荀彧此人在曹魏集团扮演着重要角色，地位举足轻重，是曹操事业上的最佳伙伴，是他背后的男人。

可是，荀彧的结局却是凄凉的，令人惋惜。

他对汉室王朝的忠诚，最后成了与曹操两人友谊完结的悲歌。

无论他生前为曹魏集团制定了多么宏伟的蓝图，推荐过多少顶级人才，都无法填补他与曹操之间的裂痕。

正是由于荀彧的离世，为五十多年后司马家崛起取代曹魏政权埋下了伏笔。

这不仅是荀彧的悲哀，也是曹操的悲哀，更是整个曹魏集团的悲哀。

不过，值得庆幸的是，荀氏一族并没有因荀彧的死而陨灭，在其后很长的一段时间里，荀氏的子孙一直活跃在政治舞台中，各自扮演着重要的角色，生生不息，为新的时期做出了自己的贡献。

这就像是我们各自的人生一样，无论走过多少次岔路，也无论失败过多少次，生命依旧会按照它自己的规律有条不紊地继续前进，朝阳也依旧会每天都照常升起照耀着大地，滋养万物。

有道是：

滚滚长江东逝水，浪花淘尽英雄。

是非成败转头空。

青山依旧在，几度夕阳红。

白发渔樵江渚上，惯看秋月春风。

一壶浊酒喜相逢。

古今多少事，都付笑谈中。

——《临江仙·滚滚长江东逝水》